Discovery-Driven

Seeing Around Corners

ディスカバリー・ドリブン戦略

かつてないほど不確実な世界で「成長を最大化」する方法

リタ・マグレイス
Rita McGrath
コロンビア大学
ビジネススクール教授

入山章栄［監訳・解説］
大浦千鶴子［訳］

東洋経済新報社

監訳者のことば

不確実な世界で戦略計画を立て、遂行するには

——今、世界でもっとも注目される経営学者の〝決定版〟

入山章栄

現代の圧倒的に不確実性の高い事業環境下で、新規事業やイノベーションに取り組み、奮闘しながらも悩んでいる企業やビジネスパーソンは多いだろう。本書はそういった方々に、鮮烈な示唆を与える必読書である。

著者のリタ・マグレイスは「世界の経営思想家トップ50」に選出された世界的に著名なビジネス思想家であり、経営学者だ。彼女はすでに多数の著書を持つが、その集大成と言えるのが本書である。これまで彼女の著書を読んだことのない人も、本書を通じて、イノベー

ション創出に向けた第一人者の考え方を学んでほしい。

「アカデミック」と「実務」のバランスに優れた研究者

マグレイスの最大の特徴は、学術的な知見と実際のビジネスをうまく紐づけられるところにある。彼女がいる米国の経営学者の大半はアカデミックな研究一筋で、実務の世界と乖離しがちだ。他方、コンサルタントや経営の実践者は、「己の経験知」のみに固執しがちで、その言説は理論的根拠や一般的な普遍性が乏しいことも少なくない。

その点、マグレイスの強みは、世界最高峰のアカデミックの知見を持ちながら、他方で実業界と深い接点を持ち、実践的な視点を提示できることにある。彼女は『アカデミー・オブ・マネジメント・レビュー』や『ストラテジック・マネジメント・ジャーナル』など一流の経営学の学術雑誌に多数の論文を発表してきた。同時に、アカデミックの裏づけがある中で、企業のコンサルティングを行い、一般メディアでは実務家向けに情報発信をしている。その内容は学術の世界だけでなく、ビジネスの社会でも受け入れられ、高く評価されている。アカデミックと実務のバランス感覚に優れた稀有な存在であり、その意味でまさに世界トップクラスの人物であると、私も評価している。

特筆すべきは、マグレイスが不確実性の高い状況下におけるイノベーションの創出に関して、非常に実践的な考え方を提示していることだ。その支柱になっているのが、経営学の「リアルオプション理論」だ。この言葉自体は本書に直接出てこないが、リアルオプションこそ本書の背景にある理論である（おそらく、学術的な解説を避けるために、この言葉を本書では入れていないのだろう）。実は、リアルオプション理論は筆者も長年研究してきたテーマであり、だからこそわかるのだが、これは今後の変化の激しい時代に非常に役立つ考え方だ（その概要は後述する）。

まず、5章から始めてほしい

本書の特徴は、実際の企業の事例が多いことだ。それはもちろん有益なのだが、他方で読者から見ると、何がポイントなのか把握しづらいかもしれない。私が本書を一読して感じたのは、本書のカギは間違いなく5章にあることだ。大胆な提言となるが、本書は最初から順番に読むよりも、5章を真っ先に読むことを強くおすすめしたい。

5章に書かれているのは、マグレイスの考えの中心となっている「ディスカバリー・ドリブン戦略」である（後述するように、これはリアルオプション理論が前提になっている）。おそらくこの視点が、多くの読者にとって本書で一番新しく革新的な内容だろう。この視点を最初に頭に入れておけば、残りの章が断然わかりやすくなるはずだ。

ディスカバリー・ドリブンというアプローチは、マグレイスとその師匠のイアン・マクミランが１９９５年に『ハーバード・ビジネス・レビュー』誌で発表した共著論文「Discovery-Driven Planning（邦訳：未知の分野を制覇する仮説のマネジメント）」などに端を発する。彼女らが考案したのは、それまでとはまったく異なった新しいビジネスの計画法だ。新規事業に進出する大企業がのちに巨額の損失を出して苦しむ状況を見て、その理由は従来の戦略や事業計画の立て方にある、と指摘したのだ。

　通常の戦略や事業計画では「ある程度先の読める状況」が前提となっている。「この技術であれば、うまくいくだろう」「この商品と顧客の相性はいいだろう」「この商品の市場価格は当面このくらいだろう」といった暗黙の前提があり、その延長線上で物事を考えていく。これは１９８０年代に世界のＭＢＡで流行した定石のアプローチで、マイケル・ポーターが提唱した競争戦略などもこの前提を暗に持っている。

　ところが、マグレイスらは１９９０年代ごろから世の中の不確実性が高まっていることに問題意識を持っていた。この時期、コンピュータやインターネットが普及し、企業における仕事のやり方は大きく変わった。技術革新が目覚ましく、新しいものが次々と登場する中にあって、ずっと安定しているはずと思えていたものが激変していく。所与のビジネスの前提がすぐに崩れる中で、果たして「ある程度先の読める状況」というオーソドックスな計画が成立するのだろうか、と。

個人的な話で恐縮だが、拙著『世界の経営学者はいま何を考えているのか』（英治出版、２０１２年）では、「ポーターはもう通用しない」という挑発的な帯がつけられた。あるいは私自身がメディアや講演で「（単なる）戦略という考え方はもう成り立たない」とよく口にしたりすることもある。これらも実はマグレイスと同じ問題意識によるものだ。ポーターの戦略を否定するつもりはないが、これほど不確実性が激しい時代に、先が見えているという前提でうまくいくはずがない。かといって、戦略が立てられないからといって、何でもありとやみくもに突っ走ればいいというものでもない。それでは、限られた資源しかない企業はすぐに破綻してしまうだろう。

つまり、我々が求めているのは、不確実性の高さを前提に置きながらも、戦略的な視点を持つ計画法・ディシプリンなのである。そしてそれこそが、ディスカバリー・ドリブンなのだ。それを１９９０年代半ばに打ち出したのは、まさに慧眼といえる。

仮定であれば、疑って軌道修正ができる

ディスカバリー・ドリブンの最大の特徴は、「仮定」を意図的に置いて計画を立てることにある。私たちが戦略計画を策定して意思決定をする際には、必ず「このマー

ケットはこれくらい伸びるはずだ」「この商品であれば、ターゲット顧客はそのよさを理解してくれるはずだ」「この商品の価格はこの程度で推移するはずだ」といった、暗黙の前提が隠れている。しかし、多くの戦略計画の立案では、その前提をそのまま置いてしまい、「それは本当か？」と真剣に考えることはない。なぜなら、将来のことはわからないからだ。わからないからこそ、前提として数字・シナリオをそのまま置いてしまい、それは将来も不変のものとして戦略を遂行してしまう。そして厄介なのは、事後的にその前提が違っていたと判明しても、すでにそれを不変のものとして計画を立ててしまったので、その前提やそれに関わる戦略を変更できないことだ。

　一方、ディスカバリー・ドリブンのアプローチで最初に着手するのは、不確実な取り組みにおいて、何が「成功」なのかを明確にすることだ。それを逆算していく。望む結果を得るためにどうあるべきか、おもな仮定を書き出す。また、それらを具体化させるためにどんなことがチェックポイントになりそうかを考えるのだ。チェックポイントとはあなたにとって重要な〝学びの瞬間〟である。

　大事なのは、それはあくまで仮定にすぎないと意識していることだ。その上で実行に移すと、当然ながら、事後的にうまくいかないところが出てくる。しかしその場合でも、そもそもそれは「仮定が現実とズレていた」ということだから、当初立てた仮定の何がどう違っていたかを検証すれば、今後どのように変更すればよいか、変更が不可能なら撤退しようかなどと、速やかに代替策を検討し、意思決定ができる。

くり返しだが、戦略計画においては、「何が真実か」ということは〝仮定〟なのだ。自分の考えはあくまで〝仮定〟なのだとはっきりさせておくことで、それが支持されるかどうか、よりわかりやすくなる。前提と置いてしまうとそれは所与の条件なので、事後的に動かすことができない。想定外のことが頻繁に起こる状況下で、その前提は正しいと信じ込んで突き進めば、失敗は免れない。

私見になるが、多くの企業ではそこから往々にして原因追及が始まり、「失敗は誰のせいか」という責任問題に発展する。営業部門がうまく売らないからだ、企画開発部が売れる製品をつくらないからだ、調査部の数字が甘かったなどと、互いに責任を押しつけ合い、悪くすれば左遷される人も出てくる。これはさまざまな企業であまりにもよく見られる状況だ。

一方、それはあくまで仮定にすぎないと従前から担当者や企業全体が認識していれば、「そもそもこの仮定は合っているか、間違っているかは事前にはわからない」という体《てい》で物事を進められる。この不確実性の高い時代、未来のことは誰にもわからない。事後的にうまくいかなくても、それは仮定が外れただけであり、修正すればいい。責任論に陥らずに、みんなにとっての学習機会だと捉えることができる。事前に仮定と認識していれば、仮定が外れたときのプランＢ、プランＣも事前に検討しやすい。ピボット（方向転換）もしやすくなるのだ。

前提と仮定の関係は、ＩＴ開発などで用いられるウォーターフォール型とアジャイル型のアプローチにも通じる。ウォーターフォール型は、すべて事前に計画をつくり込み、初めから巨額の投資を行う。慎重を期して計画し、大きな投資もしたので、一度始めたら引き返せない。本書で紹介されているＢＢＣのデジタル・メディア事業の事例もそうだが、こうしたことは日本の大手・中堅企業で起こりがちだ。

一方で不確実性が高いからと、何もアクションを起こさなければ、好機を逸してしまうのも事実だ。そこでディスカバリー・ドリブンでは、一定の計画を持ちつつ、仮定を意識しながらアジャイル型で進めていく。いきなり巨額を投じるのではなく、小さく初めて、事後的に「仮定があたっていた」「外れていた」と判明するにつれ、学習しながら軌道修正するのだ。

ところで、彼女の１９９５年の共著論文には、計画策定用に21項目の仮定（assumption）が挙げられていた。おそらくマグレイスは当時、そのくらい細かく仮定を置いたほうがよいと考えていたのだろう。それからおよそ30年を経て、このような細かい仮定のフォローが難しいなら、もっと大まかでよいので事業のカギとなる重要な仮定だけを整理しようというメッセージに変わってきた。それが、本書が言う「チェックポイント」である。

リアルオプションとの関係

先述したように、このディスカバリー・ドリブンの考え方は、リアルオプション理論と親和性が高い。リアルオプションはもともとファイナンスの理論から生まれた。オプション取引の基本理論を考案したロバート・マートンらはノーベル賞を受賞している。

株式相場は変動が激しい。そのため、オプション取引では「株価が上がっても、予定した価格で買える権利」を使って不確実性を抑えようとする。ある株式は数年後に10倍になっているかもしれないし、10分の１になっているかもしれない。そこで仮に、オプション料金として今１００円支払えば、数年後にその株式を５００円で買える権利を得られるようにしたのが、オプション取引である。たとえば数年後に株価が１０００円になっていても、５００円でその株を買えるので大きな儲けが得られる。一方、大きく値下がりしていれば、単純にその株式を買うオプション権利を行使しなければよい。もちろんオプション料金分は損失となるが、それはたった１００円なのだから、損失は小さく抑えられる。このように、オプション権利のよさは、ダウンサイドのリスクを減らしつつ、アップサイドに展開したときにチャンスを逃さないところにある。

このようにオプションは金融の考え方だったが、１９８０年代にスチュワート・マイヤーズは、この考え方は実物（リアルな）投資にも適用できると指摘した。その後、このリアルオプションの考え方は、不確実性の高い状況で柔軟な意思決定をするためのアプローチとして幅広い場面で応用されるようになった。有名なのが、石油の掘削だ。地中に油田が存在するかどうかは掘ってみなければわからない。とはいえ、きっとあるだろうと決め打ちして一気に掘り進めば、巨額の投資で大損する可能性もある。そこで一定程度まで掘って、感触がよければ追加投資をして掘り続け、ダメなら撤退して損失を最小化するという、オプション的な投資手法が取り入れられてきたのだ。

　リアルオプション理論が経営戦略やビジネスに応用できることは、複数の研究者が指摘している。それがマグレイスの師事したイアン・マクミランやペンシルベニア大学ウォートン校のエドワード・ボウマンで、彼らがこのアイデアを追究してきた。また、コロンビア大学のブルース・コグートも、不確実性の高い意思決定を分析するためにオプション理論を用いてきた。こういった学術の世界で著名な経営学者たちがリアルオプション理論を経営に応用し、現代の経営学では非常に大きな地位を占めるに至っている。

　しかし、経営戦略・計画にリアルオプション理論を応用する際には、課題もある。ファイナンスや石油の掘削では、複雑な数理モデルが用いられてきた。それが可能なのは、ファイナンスの場合なら株価、石油の場合なら油田というように、不確実性の源泉となる変数が限られているからだ。しかし、現実のビジネスの場合、事業環境は非常に複雑で、影響を及ぼす変数は多岐にわたる。それを全部織り込んで意思決定しようとすれば、簡単な演算処理ではとても間に合わない。

そこでマグレイスらが提示したのが、ディスカバリー・ドリブン・アプローチなのだ。くり返しだがリアルオプションの真髄は、「将来の不確実性が高いからといって、何も始めないのではチャンスをつかめない。とはいっても、現状の環境をそのまま前提にしていきなり巨額の投資をし、後は変更不可とするのはリスクが大きい。だから、まずは小さく投資して（オプションを買って）、ダウンサイドのリスクを減らしつつ、アップサイドに展開したときには（そのオプション権を行使して）、チャンスを逃さない」ということだ。

したがって、ディスカバリー・ドリブンでは、不確実性が高いときに、その不確実性の源泉となる要素（市場の伸び、市場価格、競合の対応、顧客の反応など）を洗い出し、それらの未来を「仮定」のものと設定した上で、まず行動する。これによって、未来へのオプションを買ったことになるのだ。そして事後的に、もし仮定が当たっていたり、あるいはいい意味で上方に外れたら追加投資すればいいし（オプション権の行使）、逆に下方に外れたら方向転換したり、撤退すればいいというものなのだ。

このようにディスカバリー・ドリブンでは、金融のオプション理論のような精密な数理モデルは使わずに、その事業にとって重要な変数を洗い出し、それらの未来を仮定とし、事後的に柔軟に方向性を修正するという発想法で対応するのだ。

本書の読み方

ここまで、本書の底流にある基本的な考え方を見てきた。今までの解説を読んだ上でまず5章を読むと、その本質がはるかにわかりやすくなるはずだ。そして、5章を読んだ後で、改めて1章から読んでいただきたい。

前半（1〜4章）で書かれているのは、不確実性の高い状況下で未来志向になるための心構えやテクニックである。未来のことを正確に予測するのは不可能だ。アンテナを張って視野を広げ、アラートやシグナルに気づけるようにする。また、目先の急激な変化に惑わされずに、現場や顧客の声に耳を傾けて、中長期的に起こりそうな根本的な変化を感じとる必要がある。

そのためのテクニックとして、1章では、組織の末端部で起きている状況を確実に知るための8つの方法が紹介されている。2章では、ビジネスで用いる遅行指標、現行指標、先行指標について、3章では、優位性の低下傾向を示すサインの捉え方が示されている。4章は、顧客が置かれている状況や完了させたいジョブなど、顧客理解の視点を解説している。

5章を挟んで後半の6〜8章は、ディスカバリー・ドリブンのアプローチを実行するために必要な組織やリーダーシップがテーマとなっている。6章では、組織内の人々が柔軟に変化に対応できるような組織文化が、7章ではいわゆるリーンスタートアップの考え方や手法が取り上げられている。8章は、不確実性の高い時代に求められるイノベーティブなリーダー像に言及している。後半3つの章はイノベーション関連の書籍でもよく取り上げられるテーマかもしれない。くり返しだが、5章を骨格に据えて読むと、1〜4章はその前提であり、6〜8章はその実行ということになる。そう読むと本書の理解が増すだろうし、またディスカバリー・ドリブンの説得性が増すはずだ。

勘に頼らず、体系的な方法論を使う

ディスカバリー・ドリブン・アプローチは非常に役立つが、日本企業は総じてあまり得意ではないという印象を持っている。たとえば、私は毎週のようにさまざまな会社の経営会議に出席しているが、新しい事業を始めるときに「この事業がうまくいったり、いかなかったりするときの重要な前提や仮定は何ですか」と質問することがある。そこでさっと答えが返ってくることは稀《まれ》だ。「何を言っているのか」と、怪訝な顔をされることもある。言い換えると、自分たちが持っている事業の前提・仮定はそれだけ意識にのぼらないということだ。

人間は万能ではなく、すべての未来を予知することはできない。愚者として学んでいくしかない。しかし、うまくいっていないことを認めるのは難しく、それほどスマートに学べるものでもない。だからこそ本来的には、みなでチェックポイントを洗い出し、了解事項として握っておくプロセスが重要なのだ。

以前、ある方から聞いた話だが、ソフトバンクグループの孫正義《そんまさよし》さんは「自分は撤退戦の天才だ」と自称しているのだそうだ。同氏のすごさは、新規事業を成功させること以上に、外れたと思ったら速やかに撤退し、そこから多数の打ち手を出して上手にピボットするところにある、ということだ。孫さんは、ディスカバリー・ドリブンのような手法はご存じないだろうが、「不確実性の高い時代、仮定をきちんと認識する」ことを自然と身につけているのかもしれない。

筆者のまわりでは、新規事業がうまくいかないときにどんどんとピボットさせられる強さを持つ企業もある。たとえばロート製薬は革新的な商品を多く生み出しているが、少し前に同社が新規事業としてオーガニック食材のレストランを始めたことがあった。

この事業は苦戦して閉店を余儀なくされたが、すぐに今度はデパ地下の食品販売事業に転換して、こちらは好調だ。これは、「オーガニック食を求めるお客さんはレストランでそれを食べる」という仮定が間違っていたとロート製薬が気づいた、と解釈できる。

よく考えれば、健康意識の高い人でも、外食のときは健康をそこまで気にせず、友人とワイワイと食事をしたいはずだ。むしろ現実は、「オーガニック食品を求める顧客は、家にそれを持ち帰って家族に食べさせたいと考えるはず」ということだ。このように、新しいことを仕掛けて撤退やピボットをうまくできる企業では、たいてい誰かが勘を働かせて、仮定を見直しているのだ。

このように不確実性の高い時代こそ、仮定を認識し、柔軟に現実に対応する必要がある。このときに、誰もが孫さんのように直感に頼れるわけではない。だからこそ、体系的なやり方で、早めに失敗して学習しなくてはならない。暗黙の前提を仮定として認識し、洗い出し、言語化して、事後に外れていたとわかれば軌道修正を図る。それが不確実性に対応していく有効な方法であることを、本書を通じて多くのビジネスパーソンが理解し、実践で活用していただければと願っている。

まえがき

今後10年の「ゲームチェンジャー」になる本

クレイトン・M・クリステンセン

そう遠くない昔、ディスラプション（訳注：デジタル企業が起こす破壊的なイノベーションのこと）を話題にする者など1人もいない時代があった。当時、イノベーションはごく少数の人々の興味をそそるニッチなテーマに過ぎず、デジタル変革によってもたらされる結果についても、ぼんやりとしか予測されていなかった。

30年前、僕らはそういう世界に生きていた。

ところが、僕ら少数者は、そのころからすでにはっきりとした警戒感をもって事態を見つめていた。１９８０年代の後半、リタ・マグレイスと僕は、それぞれに（彼女はペンシルベニア大学ウォートン校で、僕はハーバード大学で）博士号の取得を目指していた。彼女も僕も、これまでのビジネス成功理論の常識が大きく覆されつつあると直感していた。

　僕について言うなら、僕が呼ぶところの「イノベーションのジレンマ」にリーダーたちが遭遇したとき、彼らの「優れたマネジメント」についての考え方が企業を危機に追い込むことになるだろうというのがビッグ・アイデアだった。

　彼女のビッグ・アイデアは、極めて不確かなプロジェクトに対して、まるで普通のビジネスのような感覚でアプローチするのは罠に落ちるも同然だというものだった。

　両アイデアはともに、1995年、米国の経営学誌『ハーバード・ビジネス・レビュー』に発表された。

　僕らは正統派に対して異論を呈した。そして、今も異論を呈している。

　正統派の理論は、競争の激しい現在においては、間違った仮定にもとづくものとなってしまった。たとえば、彼らは大きな市場を占めることを良しとする。リタと僕は、「市場占有率に何の意味がある？」と問いかける。

　そもそも「業界」というコンセプト自体が、人為的なカテゴリー化に過ぎない。また、ビジネスにとってもっとも重大な局面が訪れるのは、多くの場合、「業界」から何を期待されているかに頓着しない参入者たちとの競争が激化したときだ。こうした現実に対処するのは困難かもしれないが、戦略的にナビゲートすることも不可能ではない。そこに、有用な理論、物事が起きる原因や理由を示すものがあるなら。

「理論」や「理論的な」といった言葉には、よく「非実用的な」という意味も含まれる。だが、理論は原因と結果を説き明かしたものだ。どの行動によって、どの結果がどう導かれたか。だから、よい理論は実用的である。

経営者が何か計画を立てたり行動を起こしたりするとき、かならず自分たちの期待する結果を得るはずだという確信がある。経営者は理論の貪欲な消費者と呼べるだろう。物事が起きる原因を理解すればするほど、僕らはさまざまな状況に応じた行動方針を経営者に提起できるようになる。こうした原因と結果の関係が、ややもすると運で成否が決まるかのように見えがちなゲームに、先行きの見通しと確実性をもたらすのだ。

有用な理論を築く第一歩は、適切なカテゴリーに分けることである。僕自身、その意味で先の著作で購買行動を予測したときに、製品や購買層の区分けが誤ったカテゴリーだったと思い至った。

ピーター・ドラッカーは、「企業が売っていると考えているものを、顧客が買っているのは稀だ」という名言を残している。

この言葉に導かれて、僕はジョブ（Job to be done）理論を見出した。人々が製品やサービスを買うのは、自分たちの日常生活を向上させるためという理論だ。顧客は、それぞれに成し遂げたい仕事や課題を認識すると、それを完了するためのプロダクトを「獲得」（あるいは、放棄）しようと手を伸ばす。

リタ・マグレイスは持ち前の洞察力を発揮して、こうした研究にもとづく新たなカテゴリーを導入し、その結果、何十年も続いていた戦略的な思考――どういう業界に身を置くかで自分の運命が決まるという思考形態――を事実上ばらばらに打ち砕いた。「業界」ではなく「アリーナ」という観点で考えれば、市場は製品カテゴリーによってではなく人々が完了させようとしている仕事や課題によって定義づけられることになる。これは、破壊的な変化をナビゲートする経営陣にとってはるかに強力なカテゴリー化計画である。

リタはさらに一歩前へ進み、何が成功へと導くイノベーションなのか、そして、どうやってそれを実現させるかまで明らかにした。彼女の「仮説指向計画法」（Discovery-Driven Planning = DDP）理論によって、経営陣は――リスクを封じ込め――未来を発見できるようになるだろう。僕は長い間、この理論には大きな威力があると確信し続けている。ハーバードビジネススクールで僕が担当するコースの必読文献であり、また、イノサイト（訳注：クレイトン・クリステンセン教授らによって設立された経営コンサルティング会社）の戦略コンサルティング業務において幅広く活用されている理論でもある。

イノベーションは、行き当たりばったりの苦痛に満ちた努力ではない。行く手に絶えず破壊的な変化があろうとも、経営陣は進路を決めるときに見えているものだけを妄信してはならないのだ。

本書は、イノベーションによって何がもたらされるかを深く理解し、それを予測できるようになることを願う人々にとって極めて有用な道標となるだろう。

日本語版の刊行にあたって

徐々に、そして突然に……戦略転換点はやってくる

リタ・マグレイス

戦略転換点は、組織の可能性に変化をもたらす。コストやスピード、信頼性、利便性といったものに10倍の変化が起こるとしたら、どうだろうか。こうした変化を活かす準備ができている組織には、ポジティブになりうるだろう。だが、変化を見落とす組織には、ネガティブなものになりかねない。幸い、変化が瞬く間に起こるということはない。つまり、注意を怠らない先見の明のあるリーダーであれば、行動を起こすべきときをちゃんと「見極める」ことができるのだ。

この日本語版を通じてお伝えしたいのは、迫りくる転換点は不確かな状況をつくり出すが、それには反復可能な対処法があるということだ。

それは、実験とイノベーションを介して推測から知識への転換を徹底して行うということである。将来の好機に向けて幾度も小さな賭け（選択）を行い、無益なものを取りやめ、有益となりそうなものに注力するということだ。

組織の末端部から意思決定者への情報の流れを豊かにし、末端部へ向かう情報の流れも等しく豊かで透明なものにするということだ。変わりゆく状況に対処できるよう、資源を柔軟に割り当てるということである。

大きな転換点で成長する――富士フイルムの場合

私には長く敬服している企業がある。転換点を通じて生存し、成長するための教訓を数多く示すその企業こそ、富士フイルムだ。

かつて、富士フイルムとコダックは、フィルム現像処理を主力事業としていた。だが、この事業は徐々に、そして最後には急速に衰退していくことになる。転換点がやってきていることは両社ともわかっていた。富士フイルムはリーダーが率先してこの難題に立ち向かい、断固たる決断で会社を変革させた。コダックはそれをしなかった。

1980年に富士フイルムのCEOに就任した大西實《みのる》は、1981年、ソニー初のデジタルカメラであるMavica（マビカ）が発表されたのを受けて、写真技術に根本的な変化が起ころうとしているのを感じとった。「フィルムレスの技術が可能となったことに気づいたのはそのときです」と大西は後に述べている。

同社はこの将来の技術に巨額の投資を行った――『ビジネスウィーク』誌によれば、富士フイルムが1999年までにデジタル関連製品の研究および技術開発に費やした投資額は20億ドルをゆうに上回るという。

2003年、大西の後任として古森《こもり》重隆《しげたか》がCEOに就任した。古森も同じく、会社を変革しようという固い決意を持っていた。2004年、古森は同社創立75周年までの6カ年計画「VISION 75」を発表。本計画の目標は「富士フイルムを没落より救い……リーディングカンパニーとして、存続させる」というシンプルなものだった。

古森が打ち出した方針の1つとして、将来の市場におけるニーズをにらみながら、富士フイルムが持つ技術や極めることのできる技術すべてを対象とした総合的な検証を研究開発部門のトップ主導で行わせた。その結果、同社は写真フィルム事業における事業範囲を果敢に

（そして痛ましいほどに）縮小することになる。

だが一方で、革新的な事業計画を打ち立て、医薬品や化粧品、高機能材料（急成長していた液晶ディスプレイ事業向けの基幹技術など）といった新規分野へ参入することにもなるのである。

富士フイルムは自社の専門分野だけに依存することもなかった。成長市場に見合う有望な技術が自社にないとなれば、企業の合併・買収にも踏み切った。世界でどれだけデジタル化が叫ばれようとも、富士フイルムは材料科学における自社の真の能力を決して見失わなかった。

富士フイルムは今や、多様な事業を展開し、２２０億ドルもの利益を上げる一大企業である。２０２１年、古森はＣＥＯを退任。同年のＡＰ通信の記事を次に引用する。

「課題もある一方で、私は日本の企業には、まだまだ大きな可能性が潜んでいると思っている。日本企業の強みは、やはり技術力だ。忠誠心を持った熱心な社員が、この技術力を支え、絶えずよいもの、新しいものをつくろうとする姿勢を持ち続けている」

また近年のＣＥＯ退任に際しては、新型コロナウイルスのパンデミック下にありながら業績は堅調であり、後進に託す適切な時機が来た、と述べている。

「当社はもう大丈夫。私のやるべきことは終わりました」

さて、人工知能などのサービスの出現、デジタル・リアリティ、地政学的問題といった広範な不確実性に直面する他の日本企業は、富士フイルムの歴史からどのような教訓を読み取り、活かすことができるだろうか？　特に重要なことを5つ挙げる。

1　潜在的な転換点にまっすぐ、正直に向き合う。古森も「はっきり、ひるまずに見つめる。自分に嘘をつかないこと」と述べている。

2　イノベーションを優先させる。富士フイルムは主力事業の深刻な衰退を受けても、研究開発への投資にこだわり続けた。

3　自社の能力から構築し、自社の能力を拡張する。富士フイルムは、材料化学によって競争優位性を生み出せるのはどこかを見通したのであり、取引先と緊密に連携することで、どうすれば自社のノウハウから価値を生み出すことができるかを判断してきた。

4　組織に「選択肢」となるマインドセットを生み出し、それにより挑戦や失敗を恐れず、果敢に前進できるようにする。富士フイルムは数多くの企業買収を行い、将来の成長のための選択肢を作っていると考えることができる。

5 うまくいっているという確証が持てたら、将来の道筋をつけるために全力を尽くす。古森が「決断したら、断固としてやり抜く」と言うように。

知的な失敗を受け入れる

最後に、チームの不確実性を和らげることこそ、リーダーがチームにしてやれる最大級のことだということを伝えたい。

つまり、どういう想定の下で活動すべきかを決め、わかっていることとそうでないことを明確にし、知的な失敗から学びを得られる土台をつくるのである。不確かな状況で結果を予測するようチームのメンバーに強いるのは、非現実的なばかりか、必要な学びを妨げることにもなりかねない。

それどころか、知的な失敗は奨励すべきと考えよう。不確実性が大きいときには、知的な失敗から豊かな学びを得られる可能性がある。いや、むしろそれを失敗とみなすのではなく、組織にとっての実験のようなものだと考えるべきなのだ。

科学では、結果をどう予測すればいいかわからないとき、実験をするものだ。組織のリーダーも同じことができる。

まず、期待外れの結果や裏づけのない仮説をどの程度まで許容できるかを明らかにする。その上で、どんな学びを得たいかを明確にし、迅速かつ低コストに実験を行うことができれば、それこそ将来に待ち受ける好機を実現する最良の方法となるだろう。

もくじ

1 まるで雪が先端から溶け始めるように

2

「早期のアラート」を見逃さない

3 変化がもたらす「弱いシグナル」をとらえる

8　「先見性」はリーダーの財産

本書の用語

転換点＝この地点を過ぎると仕事のパラダイムシフトが起きて、取り返しがつかなくなるタイミング

アリーナ＝既存の業界の範囲に留まらない潜在的な競争領域

ジョブ＝その製品やサービスが顧客に対して果たす役割

資源プール＝自社が依拠する分野、売り上げを上げている強み

ゼロ時間の出来事＝近い将来起こる可能性が高く、手を打つべき優先事項

チェックポイント＝仮説の誤りにより発生する「学びの瞬間」

序

「創造的破壊の音」が近づいている

何年か前に、アンディ・グローブ（インテル元CEO）は画期的な著書『パラノイアだけが生き残る』（日経BP）で、「戦略転換点」のコンセプトを紹介し、「戦略転換点とは、企業の生涯において基礎的要因が変化しつつあるタイミングのこと」と説いている。

これは言わば、私たちの多くが迎える人生の転換点のようなものだ。ヘミングウェイの小説『日はまた昇る』の登場人物マイク・キャンベルが、「どんなふうに破産したんだ？」と聞かれて、「徐々に、そして突然」と答えたように、企業もまた「徐々に、そして突然」倒産する可能性がある。

転換点はビジネス環境における変化であり、何らかの活動要因が劇的にシフトせざるを得ない状況を指す。同時に、それまで当たり前だと思っていた前提に疑いの目が向けられる。もちろん、そうした変化を誰かがどこかの時点で推測することもある。しかし残念ながら、その声に周囲の人々が耳を貸さない場合が多い。ここでもし、その誰かが（この本を手に取った）あなただったらどうだろう？

本書は、読者の皆さんが戦略転換点という好機を見逃すことなく、皆さん自身とそのチームや組織にとって絶好のチャンスとして活かせるように、と著したものだ。しっかりとつかんでいただきたい主要ポイントを3つに絞ると、次のようになる。

◆状況が劇的に変わる大転換は、かならずと言っていいほど、しばらく前から徐々に起き始めている。

◆これによって好機が生まれる。

転換点をいち早く見抜くことができれば――あるいは、みずから引き起こすことができれば――それは戦略上とても有益なものになり得る。

◆そのときどきの好機を最大化するために、「仮説指向型成長（のための）プレイブック」にあるツールを利用することができる（訳注：以前の共著『仮説指向型成長』と前著『競争優位の終焉』でも、仮説指向型成長のプロセスは詳しく説明されている）。

具体的な例を挙げよう。

ある業種が、潜在的な顧客５人のうち実質ひとりだけに対応していたとする。このとき極めて大きな変化が起き、その変化によって、満たされていなかった要求すべてを――リスクをあまり負わず、しかも高収益が得られる形で――拾い上げる競合他社の参入が可能になったとする。仮に、その業種が年間およそ80億ドルの売上げを上げているとしたら？　転換点を通過した後の当該業種は5倍の大きさに成長し、先見の明によりタイミングよく参入した競合各社には、合わせておよそ４００億ドルもの売上げがもたらされることになるだろう。

転換点は、既存のビジネスを打ち砕く破壊者として描かれることも多いが、時代遅れのテクノロジーやビジネスモデルを排除して、新たな余地を創出するものだ。著名な経済学者ヨーゼフ・シュンペーターは、「ある業種の既存企業はいずれも『絶え間なく発生する創造的破壊』に対して常に脆弱《ぜいじゃく》である」と何十年も前に指摘している。この「創造的破壊」は、古い時代の遺物を一掃して、より新しく望ましい物を導入することだ。

あなたの耳にきちんと聞こえているか

これは、補聴器を製造・処方・調整するビジネスで起きた転換点のこと。困っている人々を確実に助けるという基準からすると、最悪なビジネス・セクターだった。研究者によると、補聴器を使えば生活が快適になる可能性のある55歳から74歳までの成人の80%が補聴器を持っていないし、また、持っていても使わないという。

そもそも補聴器の値段が高い。２０１７年の『ニューヨーク・タイムズ』紙によれば、片方につき１５００～２０００ドル以上の価格帯だという。公的な医療保険は、補聴器には適用されない。アメリカ聴覚障害者協会の常任理事バーバラ・ケリーは、「電話で受ける相談で一番多いのは、『補聴器が高くて買えずに困っている』という苦情だ」と報告している。

社会的不名誉という要因もある。自分が「年寄り」に見えるのが嫌で補聴器を着けたがらない人も多い。補聴器は便利だという強力なエビデンスがあるにもかかわらず、みずから認めるのは容易ではないのだ。見た目が不細工で、必要以上に目立ち、時には雑音まで出す従来の補聴器は、明らかに「おしゃれ」とはほど遠い。

このことを私は身に染みて実感している。家族の集まりで、ヒューヒュー鳴る音について義母に尋ねたとき、私は義母が補聴器を使い始めていたことを知らず、そしてもちろん、その耳慣れない雑音の源が補聴器だということも知らなかった。すぐに義母は耳から補聴器を引き抜くと、引き出しに突っ込んで、それっきり私たちが帰途につくまで使おうとしなかった。

義母にとって悲しいことに（そして、私にとってはみじめなことに）、補聴器を着けて「恥ずかしい」気持ちになるくらいなら、大好きな家族の会話にフルに加わることを断念するほうがましだったのだ。補聴器がそういうものだと知っていたら、私だってあんな余計なことを口にしなかったのに！

これは深刻な問題だ。ジョンズ・ホプキンズ大学のフランク・リン博士の研究により、聴覚障害は認知症の発症リスクを高めることが判明し、さらに、社会からの孤立や、転倒のリスクさえも高まるという。

聴覚障害を矯正せずに放置すれば、最終的な治療効果も上がらず、また、難聴者が相手の言っていることを必死で理解しようとするとき、脳内の認知的負荷は増大するという。これらは明らかに、社会的に重大な健康問題と言えるだろう。

徐々に集まってくる「前触れ」

問題をかかえながらも、１９７７年にアメリカ食品医薬品局（ＦＤＡ）から医療器具と認定されて以来、補聴器ビジネスの基本モデルはほとんど変わっていない。それ以前は、総じて消費者向け製品としてあつかわれ、滑稽なほどインチキな広告や有名人のお墨つきだけで世間の定位置を獲得していた。

一方、耳科専門医によってインイヤー補聴器――個人の耳に合わせて調整するタイプ――が販売され始めると、やがてその販売形態が一般的になる。インチキ広告や粗悪品の問題もあり、利益団体は補聴器に関する警鐘を鳴らし始め、製造と流通が厳重な管理下に置かれた医療器具としての認定が求められるようになった。

同時に、市民からの苦情がきっかけとなってこれらの器具を「読書用めがね」――処方箋なしで販売できる矯正レンズ――のように、店頭で簡単に手に入れられる製品へと向かわせる動きが起き始めた。

現行企業は一歩も引かず、アメリカ聴覚学会も、どのような音声増幅器もＦＤＡの規制を受けるべきだと提唱を続ける。これを文字どおりに受け取れば、小型ワイヤレス・イヤホンからヘッドホンまでのあらゆる音響製品が、そうした規制の対象だということになってしまうのだが。

学会の主張はさておき、消費者が負担する高コストの問題と現行企業のかたくなな態度から奇妙な共同戦線が生まれた。

２０１７年、それまで学会が一貫して死守していた規制構造が、ついに解体されることになる。まさに典型的なクレイトン・クリステンセン式破壊が起き、新たなテクノロジーは「十分によい」と証明され、その結果、矯正聴力の恩恵を受けられる消費者は拡大し続けた。これこそ、幾度となくクリステンセンが説明した「不使用との競争」の端的な事例だ。

補聴器業界の創造的破壊者

あくまでも「補聴器ではなく」、数多くの企業が、業界内で「パーソナル・サウンド・アンプリフィケーション・プロダクツ」（略してＰＳＡＰ）と呼ばれる小型集音器を手がけるようになった。これらの製品はＦＤＡの規制を受けず、店頭で誰でも気軽に購入可能だ。従来の補聴器メーカーにとって不安なことには、多くの聴力補助アプリケーションのなかでも、ＰＳＡＰは平均的な、あるいは平均以上の高い機能性を誇っている。

たとえば、スピーカーやノイズ除去機能搭載ヘッドホンで有名な音響機器メーカー、ボーズ（Bose）社は、約５００ドルで販売されるヒアホン（Hearphones）を製造している。まるで難聴に苦しむ人々に向けた製品であるかのように「当社の望みは、あなたが会話中にひとことも聞き漏らすことのないようにお手伝いすること」との宣伝文句にもかかわらず、ある時点で、ボーズ社はこれらの器具が決して補聴器ではないことを強く主張して、ＦＤＡの管理から逃れることができていた。

ところが２０１８年、この会社は店頭販売が可能な自動調整型の補聴器メーカーとして正式に承認されることになる。

このときから他の有力プレイヤーも続々と市場に参入し始め、そのなかには、サムスンの小型集音器ギア・アイコンX（Gear IconX）やアップルのエアポッツ（AirPods）――音楽を聴いたり、運動のタイムを計ったり、ついでにスマートフォンや他の端末上の聴覚補助アプリと接続することもできるワイヤレス・イヤホン――も含まれる。加えて、数十社もの新企業が補助器具ビジネスに参入し、フェネックス（Fennex）、ペトラレックス（Petralex）、ヒア・ワン（Here One）などを開発・製造している。

スタートアップ企業も登場し、たとえば、イヤゴー（Eargo）と呼ばれる製品は、フライフィッシングからひらめいたアイデアをもとに開発された（実質上の）補聴器で、自動調整もネット購入も、さらには、普段使っている電子機器と同じ方法で充電することも可能な器具となっている。

隠れた400億ドル産業

それにしても、歴史的に見れば大して興味をもたれることのなかった市場が、これほどまでに活性化するものだろうか？　それは、つまり……。

専門家によれば、現在の管理体制下にあっても、補聴器は2023年までに90億ドルを超えるだろうとも言われてきた。これは、戦略転換点にあるおもしろい側面の1つだ。かつては複雑で高価だった物が便利で低価格になると、需要が爆発的に増加するということがよくある。

耳の聞こえがよくなるように補助器具を使う可能性のある5人のうち、現在、1人しか補聴器を持っていないという統計から私たちが推測できるのは、先ほど触れたような（自動調整が可能な、目立たない補聴器を誰でも手に入れられるようになる）転換点の後の市場サイズは、5倍に――おそらく、400億ドルまで――膨れ上がるということだ。

さらに、補聴器のユースケースにも劇的な変化が見られるだろう――スマートフォンの出現で、携帯電話の使い方が大幅に変わったように。

めがねをいくつか買うのと同様、複数の器具を購入する人々も出てくるかも知れない。金曜の夜の食事に出かけるとき、日曜の午後のスポーツ観戦、自宅でテレビを見るとき、それぞれに適した補聴器を選んで使うこともあるだろう。物の値段が手頃になると、その可能性は無限に広がるのだ。

本書のどの部分を見ても明らかなように、迫り来る変化を知らせる弱いシグナルにいち早く気づけば、競争相手より有利なスタートを切って変化への対応を準備することができる。

今このときこそ、店頭販売の補聴器ビジネス参入に興味のある企業が、準備と計画を開始すべき瞬間なのだ。ただし、巨大なビッグバンへの投資ではなく、あくまでも準備への投資であることに留意しなければならない。

転換点は、ある変化が――一部の人々に「テン・エックス（10X）」変化と呼ばれる――ビジネスの依拠する前提を覆すときに発生するものだ。そうした明白な瞬間が訪れた際には、時機を逸することなく、軍勢を動員し、焦点を定め、そして転換後の世界に対応できる組織改革に全力で取り組まなければならない。ちょうど、ボーズやサムスンなどの企業が店頭販売の補聴器（もとい、補聴器ではない）ビジネスに関わり始めたようにである。

少しずつ、しかし、突然に

転換点の展開には、驚くほど長い時間がかかることもある。１９０３年12月17日、ノースカロライナ州キティホーク近郊で、ウィルバーとオーヴィルのライト兄弟は、人類初となる12秒間の有人動力飛行に成功する。

しかし、彼らの偉業を『ニューヨーク・タイムズ』紙が初めて伝えたのは3年後だった。実のところ、１９０８年5月になってようやく本格的に報道されたため、このとき初めて、一般市民は有人飛行が（１９０２年に専門家が予測したように）近い将来に実現するどころか、もうすでに実現していたと知ることになる。ほどなく、旅客輸送やコンサルティング業、物流事業などの業界、さらに国防当局までもが根本的に様変わりする。

転換点は、現在機能しているシステムの競争ダイナミズムに劇的な変化をもたらし、市場に急激な変化をもたらすパワーがある。大きさや安さや便利さなどが、10倍《テンX》増しになることもあり、変化の発生源も無限にあるようだ。転換点を引き起こすきっかけは、一般に、次のいずれかに見出すことができる。

◆科学技術上の変化
◆規制に関する変化
◆社会的な可能性
◆デモグラフィック（ターゲット層）における変化（デジタル破壊では一般的な、以前はかけ離れていた要素と要素）の新たな結びつき
◆政治的な変化
◆その他多数

転換点は、さまざまな組織の土台や前提そのものを変える力をもっている。組織の内部や周囲の環境変化が、新たな起業チャンスを創出することもあり、その結果、古いビジネスモデルや操業の継続を止める可能性もある。これらは複雑に絡み合う場合が多いが、それはいくつものルールによって組織が停滞し、起こり得るすべてのことに遅れをとるからだ。

たとえば、ここ数年に転換点を極めてたくみにナビゲートした企業（アマゾン、エトナ、コグニザント、アドビ、富士フイルム、ＤＳＭ、ゴア）を見れば、その過程には痛みを伴うほど大々的な組織改革はなかったことがわかるだろう。

大がかりな組織再編成は、むしろ状況を変えるのが手遅れとなった企業（ＩＢＭ、Ａ＆Ｐ、シアーズ、ヒューレット・パッカード、デル）でおこなわれた。そして転換点が間違った方

向へ進むと、組織全体の崩壊または経営破綻を招くこともあり得る。トイザらス、ブロックバスター、ラジオシャックといった企業が端的な例だ。

さらに、転換点の動きは直線的ではなく、多くは間欠的に進行する。そのため、道理をわきまえた人たちでも、その重要性や潜在的なインパクトについて否定的な見方をしてしまう。ところが、優れた起業家やイノベーターは、単に転換点を自身に引き寄せるだけでなく、その可能性を結合させ、顧客洞察力を深め、そのうえで新たなテクノロジーを開発し、それによってみずからを頂点へと押し上げる。そうして、そこで君臨し続けることを可能にするのだ。

転換点は「4つの段階」をへる

転換点の展開には、ハイプ（過度な期待）期、幻滅期、黎明期、円熟期の4段階がある。これらは、テクノロジーを商品化する方法を探るために使われるガートナーのハイプ・サイクル方法論にある5つの時期と似ている。

転換点の兆しが見えた最初期段階であなたにできるもっとも生産的なことは、その兆しに何か警戒すべき要素はないか注意深く見守ることだ。この段階で大きな賭けをするのは、まだ早い。

やがて物事が進展するにつれて、段階はハイプ期へと移行する。すると急に、識者たちは全世界の秩序が完全にひっくり返されそうだと宣言し始める。その結果として生まれるのが、バブルだ。信奉者たちは多額の投資をおこない、いわゆる「ランド・グラブ」（土地の争奪）心理が人々を支配するようになる。

２０１３年から２０１６年にかけて、誰もがビットコインのような仮想通貨に走ったのがいい例だ。新しいアリーナが１つ現れると、人々は皆、のちのち大きく成長するに違いない分け前を今のうちに手に入れようと殺到するのだ。

この段階について研究経験のある学識者たちは、この現象を「資本市場マイオウピア」（先のことばかり考える近視眼的な見方）と呼ぶ。

１９８７年にウィリアム・サールマンとハワード・スティーブンソンがおこなった有名なケーススタディによると、当時、台頭しつつあったウィンチェスター・ディスクドライブ業界に参入した何十社もの企業は、ゆくゆくは巨大市場のおこぼれにあずかれるだろうとの期待から我先にと投資の山に突入したという。このような現象が起きるのは、プレイヤーたちが個別には道理にかなった判断を下しながらも、誰もが同じ判断をすればどういう結果になるかを考慮に入れなかったときである。

ギリシャ悲劇さながらに、このハイプ期はほぼ例外なく悲惨な結末を迎える——ときに、劇的に。

この結末に導かれて、私たちはライフサイクルの幻滅期へと入っていく。この段階では、ハイプ期の終わりをそばから見届けた人たちが「ほら、私の言ったとおりだよ」的な視点に立って「そんなことは絶対に起こらない」と言い切ることもある。

ところが、この時期には本当の意味での好機がどこかにすでに到来している場合が多い。ただし、幻滅期の苦境を生き延び、大きな成長へと進む基礎を築くことができるのは、初期の参入者のうちのほんの少数だろう。彼らはいずれ実行可能なビジネスモデルを構築し、対応すべき新たな顧客ニーズを見つけ出し、同時に売り上げも伸び始めるに違いない。この時点で、あなたは何らかの足がかりになる投資について考えながら、どこに好機が転がっているかを探り当て、その転換点に対して機敏に応じられるように注意を向けておく必要がある。

幻滅期に続くのは、それより（はるかに静かだが）「具体的な」黎明期であることが多い。この時期に入ると、注意深い人たちなら転換点がどのように物事を変えるかをはっきり見て取ることができるかも知れない。いずれどのようなモデルが出現してもうまく対処できるように、多くの選択肢をあらかじめ用意しておかなければならない時期である。

そして最後に、転換点はその円熟期へと移行する。ここまで来れば、もう誰の目にも世界の変わりゆく様は明らかだ。準備を整えていない人は、自分たちのビジネスが衰退し始めるのを目の当たりにするだろう。この時期には、ビジネスが成長できるまたとない好機が現われる。できることなら、それをつかんで活用できる位置にあなたの組織を確立しておいてもらいたいものだ。

転換後は、その変化が日常生活を送る前提に組み込まれたものになる。この段階は、転換点が起きる前の状態がどういうものだったかを忘れた人たちも大勢いる状態だろう。だから、ここであなたのすべきことは、もはや実質的な価値がなくなった資源は確実に捨て去り、転換点をうまく通過して得た成長を享受することだ。

1

まるで雪が先端から溶け始めるように

なんたることか。
ヨーロッパ民主主義の運命は
この男の手中にあるというのに、
当人は何をどうしたらいいかわからないでいる。

モリー・スコット・カトー（欧州議会イギリス選出議員）
2018年5月23日の欧州議会で、
フェイスブック（現メタ）CEO マーク・ザッカーバーグが証言した内容に言及して。

もしも予測する価値のある転換点というものがあったなら、それはきっとソーシャルメディア・プラットフォームの優勢によって生まれるアサンプションの変化だろう。あっという間に、「ソーシャル」はマーケティングの常識を覆し、企業と顧客に双方向の交流を提供し、かつては不明瞭だった声をプラットフォームに届けることになった。そのうえ、安全に分割されていたデータベースを結合して、誰も予想していなかった結果をもたらした。

ソーシャルメディアにとって――フェイスブックであれ、グーグル、ツイッターなど他のＳＮＳであれ――２０１８年は試練の年だった。そこには、蔓延する「フェイク・ニュース」や偽アカウントや（選挙戦での）情報操作・得票操作から、公式アカウントの乗っ取り、個人のもっとも私的な情報の第三者への売却、レイシャル・プロファイリング（訳注：警察などが人種や宗教といった個人の属性にもとづいて捜査対象を定めること）、ひいては有名人の物まねを黙認し、社会的弱者をターゲットにすることまで含まれていた。

なかでもグーグルは、米国議会の公聴会に取締役を送り込みさえしなかったことで、管理体制やビジネスモデルに対するさまざまな反発を食らっている。

私たちは、いったいどうしてこういう事態が起きたのかと考えあぐねているところだ。

本章では、フェイスブックを始めとするソーシャルメディア・プラットフォームの台頭と、今なお続く諸々の苦難を例にとって、転換点の持つ真の意味を「見抜く」ジレンマを説明しよう。あなたが実力のあるＣＥＯであろうと、食物連鎖のかなり下にいようと、死角ほど危険な場所はない。

この章の後半では、重大なシグナルを誰でも簡単に、そして早期に――ブロックするのではなく――探知できるようになる方法を検討するつもりだ。ここで提起するアイデアの核心は、進取の気性に富むアンディ・グローブの「春が来れば、雪は最初に外縁から解け始める。そこがもっとも露出している場所だからだ」との見解から導かれたものである。

「転換点の兆候」は、みずから会社の役員室にやって来て会議テーブルに身をさらしたりしない。たいていの場合、何らかの変化にいち早く気づくのは、そうした現象と直《じか》に接点をもつ人たち――1つのテクノロジーがどこへ向かうのか、そして、それがいつ変容するのかが見える科学者、毎日欠かさず顧客と話をする営業部員、電話で顧客の思いを直接知ることができるカスタマーサービスの受付係である。または、システム内の故障を見つけてアラーム音を鳴らす人や、今にも重大な意思決定がなされるという緊迫した局面に遭遇した人たちかもしれない。

「監視資本主義」の登場

私が若かったころ、何か重要な情報を得たいときに真っ先に頼ったのは、ブリタニカ百科事典のような参照文献だった。その文献のどの箇所を私が読んだか、どこに私が注目して、どこに注目しなかったか、また、私が何者なのかということまで、誰にも知られることはなかった。参照文献を管理する人たち、つまり図書館の司書たちは、さまざまな資料を保護する役割を担う、いわば人知の守り手である。司書たちは、かなり昔から「情報へのアクセスを監視するのではなく、あくまでもアクセスを円滑に進める」という倫理基準を保つように指導を受けている。

実際、私の図書館資料の利用にまつわるプライバシーの権利は、ここ何年もの間に関与した数え切れない件数の訴訟を通して、くり返し正当と認められてきた。また、司書たちが私の個人的な関心について他の誰かに話すリスクは相当高いと見なされたことから、それが彼らの倫理規定に明文化されたという事実もある。

現在では、こうしたプライバシーについての考え方は古めかしいと思われがちだ。たしかに、フェイスブックやグーグルのように、ユーザーについて知り得ることをすべて使って、広告ターゲットを細かく絞り込む企業の手がけるデジタル広告は、巨大なビジネスになっている。

この莫大な収益源の基礎にあるビジネスモデルは、どうなっているのか。データブローカーたちに言わせれば、それはサイトを無料で使うのと引き換えに自分の個人情報を進んで譲り渡している多くのユーザーにとって、完全に不透明なものらしい。ところが、私たちの大半は、自分自身のもっとも個人的なデータがどういうことに使われているのか、１つひとつの用途に対して無関心である。こうしたことは、デジタル革命前には、経済的にも物理的にもあり得なかったことだ。

秘密は暴露された

デジタル革命の前には、人々についての情報はあらゆる場所に保管されていた。金融取引については、信用評価をする人たちが知っていたし、運転免許証や車両登録情報については、警察が把握していた。同様に、刑事司法機関が逮捕歴を（不運にも、逮捕された経験が一度でもあるならば）、医師や医療提供者が健康状態・使用中の薬剤・既往歴などを知っていた。他にもあるが、ここで１つ想像してみてほしい。もし、ウーバーのような配車サービスのデータベースがこうした個人情報を知り得て、それらをつなぎ合わせ、あなたに関するいっさいの情報を取り入れた包括的な全体像をつくり上げたらどうだろう？　驚くなかれ、その能力も技術も現に存在しているどころか、実はもうすでに、何百もの組織がそれを活用して利益を得ているのだ。

デジタル時代が始まる以前は、ある人がどこに住んでいるか、どういう運転の仕方をするか、どういう病気にかかっているか、司法当局とどういう揉め事があったか、何にお金を遣うのが好きか、そして、どういう政党や政治思想を支持しているかなどの情報については、ある程度までなら、第三者でもその気があれば入手することができていた。ただし、入手には労力も費用もかかるうえに、獲得した情報の深さもクオリティも疑わしかった。

対照的に、現在のデータブローカーたちは、数多くのデータベースを安く（しかも電光石火のスピードで）比較検討することができる。そのうえ、デジタル化されたおかげで、これらの記録にアクセスする費用が桁違いに低下したのだ。

データブローカー業に詳しいティム・スパラパニによると、愕然とするほど大量の内密個人情報が無条件で販売されているという。しかも今は、自発的にシェアしようとする人々の個人情報なら、フェイスブック規模のプラットフォームを利用する必要さえない。

数々のウェブサイトを運営しているテイクファイブ・ソリューションズ（Take5 Solutions）が公表していないのは、ひとたびユーザーが自分のことを話したら、運営サイドはその情報のかけらを巨大なデータベースと照合させることによって、より精密で立体的なユーザー情報を形成できるということだ。恐ろしいことに、これらの組織がいったいどういう情報を保管しているか、また、その情報の提供先がどこなのかを監督する消費者保護システムは、整備されていない。

個々のデータベースには、差し障りのない情報が入っているだけかも知れないが、ひとたび、それらを結合させる技能を活用すれば、予想もつかない結果が生じる可能性がある。実を言うと、私たちはそのことにもう何年も前から気づいていた。

たとえば、２００９年には、研究者たちは個人の社会保障番号を――いくつかの異なる下位集合データを結合させて――予測することができるようになっていた。そのためにデータ侵害も秘匿情報への不正アクセスも必要なかった。

特に評判の悪い新たなビジネスモデルとしては、マグショッツ・コム（Mugshots .com）のようなウェブサイトがある。このサイトは、人々の逮捕後の写真を（その人物が最終的に有罪判決を受けたかどうかに関係なく）ネット上に公開し、その後、写真を削除する手数料として当事者に数百ドルを要求する。何千人もが被害を受け、彼らはこのような暴露行為によって就職の見通しも生活設計も潰されたと言っている。だが、法執行機関は、こうしたビジネスの事業主を起訴することは極めて難しいと見ている。基本的に誰にも説明責任のないビジネスだからだ。

見ず知らずの人間があなたの生活を知っている

ウェブサイトにログインするとき、私たちの多くは、ただログインしているだけだと考える。私たちは気づいていないが、縁もゆかりもない第三者に（そのサイトでの）私たちの動きが観察され、その情報が逐一彼らのデータベースに取り込まれているのだ。その人がどこをクリックするか、何を読むか、何をスキップするか、すべての動きが筒抜けであり、彼らがすでに保有している個人ファイルと組み合わせるだけで、人となりが鮮明に見えるようになる。

これはいわば公然の秘密ではあっても、どこかのウェブサイトに何かを明かせば、それがパブリックドメイン（訳注：著作物などの知的財産権が発生していない状態や消滅した状態のこと）に加えられるかもしれないわけで、普通の人にとっては見当もつかないことだ。

さらに、インターネットに接続するだけでもデジタル・フットプリントを1つ残すことになり、それによって、利害関係者は私たち1人ひとりのネット上の振る舞いを把握できるようになる。ユーザーたちは、ウェブサイトがクッキーを使って自分の動きを追跡していることには何となく気づいていながら、「サードパーティ・クッキー」と呼ばれるものの存在にはまったく気づいていない場合が多い。

たとえば、あるニュースサイトにあなたがログインし、そのサイトにフェイスブックの「いいね」ボタンがあったら、クッキーが1個あなたのコンピュータに置かれ、それ以降はフェイスブックがあなたのコンピュータにアクセスできるようになる。だから、もしあなたが一度もフェイスブックを利用したことがなかったり、アカウントを1つも持っていなかったりしても、フェイスブックの側はあなたのネット上での行動についての情報を受け取ることができるのだ。しばしば「僕はフェイスブックのアカウントを持ってないんだよ。なのに何で、僕のデータをフェイスブックがつかんでるんじゃないかと気に病む必要がある？」という声も聞くが、これはとんだ的外れだ。

ソーシャルメディアの経営者たちは、二度も三度も約束した。――「インターネット上で人々の動きを追跡するのは、もう終わりにする。そして、自分の情報がどこに表示され、誰に公開されるかは再びユーザー本人の手で管理できるようにする」と。

２０１９年『ウォール・ストリート・ジャーナル』誌のキャサリン・ビンドリー記者は、これらの企業がその約束をどれだけ守ろうとしているか、実際に試そうと思い立った。彼女がまずダウンロードしたのは、これからママになる人のためのアプリ。そのとたん、本人の報告によると「12時間もしないうちに、私のインスタグラムにマタニティウェアの広告が飛び込んできた――私は妊娠していないし、ほかの理由でマタニティウェアのターゲット市場に入ったりもしていないのに。

こうなった経緯をさかのぼって探ろうと、私はこの件について、アプリの発行者やそのデータ提携先、それに広告会社やフェイスブックそのものを相手に話し合った。送った電子メールや、かけた電話の本数は数え切れない。だが結局、誰ひとりとして、この2つの出来事を結びつけようとしなかった」という。

さらに彼女は、各企業が人々のプライバシーを当事者の知らないうちに侵害する数多くの方法について詳しく説明している。そうした方法には、位置情報サービスとの接続が切れていてもユーザーの居場所が追跡されるもの、人々がある一定の広告をなぜ見るのかを特定できる秘密のアルゴリズムを使ったもの、そして、ユーザーに無断でフェイスブック以外での活動にもとづく広告を見せるものも含まれる。

実は、これよりもさらに気がかりな調査報告がある。『ウォール・ストリート・ジャーナル』誌のもう1つ別の調査で判明したことだが、いくつかの健康とウェルネス関連アプリは、極めて個人的な情報をフェイスブックと共有していたという。今回も実際に使ってみたところ、ある心拍数アプリはユーザーが自分の情報を入力した直後に、その情報をフェイスブックに送り、また、ある排卵モニタリングのアプリの場合は、ユーザーの「月経日がいつか」

「妊娠する意志があるか」といった情報を、ある不動産アプリの場合は、ユーザーがどの家を見て、どの家に「お気に入り」マークをつけたかというデータをそれぞれ送ったことがわかった。

さらに、その記者たちによると、「どのアプリも、個人情報がフェイスブックに送られるのを自身の手で止める明確な方法を、ユーザーにいっさい提供しなかった」という。

しかも、そうしたデータをたどれば、ある特定のデバイスとＩＰアドレスへと行き着くことも（多くの場合）可能であり、それによって、フェイスブックは既得情報という秘宝と照合することもできるようになる——何もかもすべて、ターゲティング広告を配信できるなら多額の料金を払ってもよしとする広告主のためだ。

明らかに、人々が許可していると思っているデータ共有と、現実におこなわれていることの間には大きなギャップがある。

自分の環境に監視されている私たち

インターネットにおけるプライバシーのこととなると、私たちにできるのは、自分の個人情報が間違った相手に漏れないようにと願うことだけだ。でも自分の身のまわりにいる人たち全員が、インターネットのトラッキング機能と同じことをやり始めたらどうだろうか？

２０１８年『ニューヨーク・タイムズ』紙は、スマートテレビが何百万戸もの世帯に設置されているのは、ユーザーが何を視聴しているかをトラッキングするためであると報じた。そして、それだけではなく、ネットワークに接続している他のすべての（スマートフォンのような）電子機器からの情報もトラッキングしているという。

たとえば、サンバＴＶは、そのスマートテレビの設置プロセスの一部として、視聴者についての情報を母機へ送信する許可を求める。それには、その世帯の人々がよく視聴する番組の種類だけではなく、同じネットワークにつながっている他のデバイスを流れる情報すべてが含まれる。

これは、広告主にとって聖杯を獲得したも同然である。なぜなら、こうしたトラッキング機能によって、視聴者が広告を見た後に彼らのサイトにアクセスしたことを確認できれば、その広告の効果に関する直接的な情報をつかむことが可能になるからだ。シティ（Citi）でマーケティングディレクターを務めていたクリスティン・ディランドロが、ある業界イベントに出席したときに、人々のテレビ視聴履歴をすぐにデジタルアクティビティに結びつける能力は「ちょっとした魔法ですね」と発言した。

企業はサンバに料金を支払って、特定の宣伝文句を使ったターゲット広告を――視聴者が競合他社の広告や自社の広告、または、ある特別な番組を見た後に――個々のユーザーに配信させることができる。こうしたことは完全に合法的だが、それはあくまでも企業側が消費者に必要な情報（トラッキングについて正確に説明されたもの）を提供したと主張できた場合である。たとえ、その情報が１０００ページに及ぶ承諾書に埋もれているとしても。

アレクサやシリ（Siri）のようなスマートスピーカーのユーザーおよそ５０００万人にとって、家のなかのどこにいても自分の音声がデバイスに拾われているのは確かなことだ。そして、事あるごとに、そうしたスピーカーが生活のバックグラウンドにあるデータまで取得・収集していることが分かってきた。たとえば、あるアマゾンエコーは、シアトルに住む夫婦のプライベートな会話を録音し、その断片を何百マイルも離れた知人に送ったという。こうして、個人ファイルの内容はますます充実していくわけだ。

急激で飛躍的な、ほぼ野放しの成長

広告収入に依拠する大型ソーシャルメディア・プラットフォームに起こりうる試練の一例として、フェイスブックに焦点を当ててみよう。

フェイスブックは２００４年に、ハーバード大学のオンライン・ソーシャルネットワークとして創設されてから、ユーザー数が世界の全人口の３分の１をゆうに超えている。その成長は飛躍的で、影響力は目を見張らせる。

しかしながら、その個人データの使用に対する姿勢は、当初からあまり変わっていない。このソーシャルネットワークの盲点は、いずれ一般大衆や政府機関や競合他社などから自分たちのやっていることが見透かされる日がくるということだった。

プライバシーに関してフェイスブックから何を期待できるかは、最初から薄々わかっていた。兆候があったからだ。その1つが、マーク・ザッカーバーグと彼の友人とで交わされたインスタントメッセージである。これはポッドキャスト『シリコンバレー・インサイダー』によって最初に暴露されたものだが、一部紹介すると――

ザック「そうだよ、だからもしハーバードの誰かの情報が必要になったら」
ザック「そう言ってくれたらいいんだ」
ザック「4000人以上のメール、写真、住所、社会保障番号を手に入れてるからね」
友　人「何だって？　そんな番号までどうやってわかったんだ？」
ザック「普通に本人が提出したんだよ」
ザック「どうしてか、僕にもわからないな」
ザック「『僕を信用してる』ってところかな」
ザック「間抜けな連中だね」

２００６年、このネットワークが学術機関以外へも開放されると、会社の経営陣はそれを「全世界の人々の名簿」と考え始め、それが「支配的な地位に立つ」ことを望むようになったといわれている。

２０１２年まで早送りして、フェイスブックのＩＰＯ（新規株式公開）に目を向けてみよう。このとき、ある観察者によると、膨大な数のユーザーから売り上げへのプレッシャーをかけられる一方で、そのためにフェイスブックは否応なくターゲット広告に乗り出していったのだという。これは、その後あちこちで裏付け文書が出されることになる一連の災難のほんの始まりに過ぎなかった。これらの災難が、基本的にフェイスブックの――ユーザー情報を掘り出して、広告主に自動アクセス権を提供するという――前代未聞の能力に端を発するのは言うまでもないことである。

２０１６年には、すでに一定の種類のターゲット広告配信が容認されないことを示すシグナル音が大きくなって、その音を聞かないようにするための耳栓が必要なほどだった。極端な例を１つ挙げると、フェイスブックは住宅ビジネスの広告主に対して、彼らの広告がアフリカ系・アジア系・ヒスパニック系のアメリカ人のような「アフィニティ」集団のメンバーには表示されないようにすることを許可した事実がある。

アメリカの独立系報道機関プロパブリカが――少数民族グループを明確に排除した住宅カ

テゴリーの広告枠を1つ買った後に——その記事を発表したとき、ある公民権専門の弁護士が、「これはとてつもない違法行為であり、これほど露骨に連邦『公正住宅法』に違反する行為は、過去にも未来にもあるまい」と言った。

みずから魂を売り渡したファウストと同じく、消費者は自身の個人情報と引き換えに、無料のサービスを受けることを承認した。その結果が、完全に偏ったエコノミック・アレンジメント（経済的取り決め）である。どちらかといえば控え目な楽しいアイデアとして始まったはず（「友だちの写真をシェアしよう！ 休暇の思い出フォトをシェアしよう！」）が、何十億ドルもの広告収入のおかげで、1つの社会的勢力になってしまったのだ。

他のデータブローカーたちも、問題のある営業を続けようとしている。たとえば、グーグルは欧州連合と揉め事を起こして、50億ドルの罰金を科されたことがある。グーグルが電子機器メーカーに対して、グーグルアプリをあらかじめ搭載したデバイスを製造するように要求し、また、グーグルのアンドロイド・ソフトウェアの未修正版だけを販売するように求めたということだった。データ収集は否定しないものの、それが「すべての人々にとっての、より多くの選択肢」を創出するものだと主張するグーグルの経営陣とは異なり、フェイスブック首脳陣の主要メンバーたちは率直に、ショックを受けたことと、ユーザーから自分たちの手に委ねられたデータがどのように分散されていたかについてまったく知らなかったことを認めている。

フェイスブックのＣＥＯは、これまで２つの大陸の選出議員の前に引きずり出されている。ロンドンにある選挙コンサルティング会社ケンブリッジ・アナリティカが情報を不正入手したと疑われた際の、フェイスブックの対応は、危機対応力の乏しさが露呈したものと批判された。

この疑惑へのフェイスブックの関与については、同社が５０００万を超える人々の情報を無断で——政治的なターゲット広告を流す目的で——売ったということだった。そして、エコシステム（収益活動協調体制）を廃絶したいと願う人々の市民運動が起きた。

また、識者たちは、フェイスブックがマイスペース（Myspace）と同じ道をたどるのも当然のことだと言う。そして、アップルの共同創業者スティーブ・ウォズニアックや、ワッツアップ（WhatsApp）の創業者ブライアン・アクトンのような名士たちでさえ、「フェイスブックのアカウントを削除しよう」とツイッターで呼びかけた。

ザッカーバーグが自分の会社は「戦争中だ」と宣言するなか、ソーシャルメディア各社は、重大な転換点に直面した。資産家であり投資家でもあるジョージ・ソロスは、２０１８年にスイスのダボスで開かれた世界経済フォーラムで、「フェイスブックは長く存続できないだろう」とまで断言したという。

これが転換点の始まりだった

これまで、データコレクターの関心事は、「サービス」という言葉で自分たちの行為を覆い隠し、法の目を巧みにかいくぐることであった。現在、データブローカーは人々のもっとも個人的な情報（喫煙する？　同性愛者？　映画『フィフティ・シェイズ』シリーズは好き？）を堂々と売買することができる――事実上、監視されることなく。しかも、私たち市民のほとんどはそのことに気づいていない。会社幹部がアメリカ連邦議会に引きずり出され、『一般データ保護規則』（ＧＤＰＲ）がヨーロッパで導入され、そして、個人データが間違った人の手に渡ったときの悲惨な事例をいくつも目にして、私が今確信しているのは、いずれ私たちがこの時期を――個人情報の使用がどう管理されるかということに関する――大きな転換点として振り返るだろうということだ。

今後、フェイスブックに稼働し続けることだけは許可するかわりに、政府機関がフェイスブックに対して会社を分割するように要求するというのもあり得る話だ。ニュースフィード・プラットフォームが他を圧倒するほどに成長し、ワッツアップとインスタグラムも目覚ましい成長を見せているときに、これはフェイスブックの経営上、かなり悪い知らせである。「データは新しい石油である」と言われるなか、１９００年代初めに連続した大手石油企業数社の分割や、１９８０年代にＡＴ＆Ｔがもはや（消費者が購入できるサービスや装置に対する）独占力を行使できなくなった後に発展したイノベーションになぞらえるアナロジー（比喩表現）まで出てきた。

フェイスブックにとってこれ以上に深刻なのは、現在勤めている従業員と、今後の採用候補者が同社に魅力を感じなくなっていることである。２０１８年後半には、この会社が世界をより良いものにしていると思うと言ったのは約半数だった。そして「この会社は正しい方向に進んでいる」と言ったのは52％だった。多くの従業員が他の組織で職を見つけるために外部との接触を試みているという報告もある。

フェイスブックのビジネスモデルにとって、もう1つの大きな試練は他社との競争である。ユーザーと深い関係を保ちながらも、フェイスブックが彼らから売り上げを得ることはない。ユーザーについての情報を広告主に売っているのだし、さらにその情報は二次的なもの——あなたが何者で、何を好んで、どこをクリックするのか、などなど——に限られているのだから。

たとえばアマゾンのようなプラットフォーム上の広告なら、どれほど強力か想像してほしい。アマゾンはユーザーが実際に何を購入するかを把握している。それも大量に。その情報を利用して、ユーザーをすぐに購入する気にさせる広告を配信できることから、この会社がグーグルとフェイスブックの両方から相当な量のトラフィック（データ交通量）を吸い取るだろうと見ている。

インスタグラムの共同創業者2名が２０１８年にフェイスブックを去ったのは、上層部メンバーと意見が対立したためだったのではないかと思える。インスタグラムの共同創業者ケビン・シストロムは、声明のなかで「何か新しいこと」を始めるのが楽しみだと言った。考えてみてほしい。ここにいるのは、すでに絶大な人気を誇る（現在も稼働中の）ソーシャルメディア・チャネルを創出した男である。そして、フェイスブックに買収されてしまいがちな他の創業者とは違って（もちろん、買収にすんなり応じるのも正常な非競争的活動だが）、シストロムは、フェイスブックがどれだけのドルを目の前にちらつかせたとしても、それに目がくらむような人物ではない。

だから、こう考えることができる。フェイスブックやその他の広告収入に依拠したデータ収集組織にはすでに転換点が到来した、と。同社とその関連企業はまだ、どうすればこの転換を切り抜けられるかわかっていないかもしれないが、ほぼ確実なことは、展開するにしたがってかなり違って見えてくるだろうということだ。

盲点に対処するための8つの方法

フェイスブックは、極めて重要な瞬間にある。本書を執筆している時点で、そのアクティブユーザー数は20億人を超え、売り上げは４００億ドル（２０１７年）、そして、いわゆるユビキタス・プレゼンス（遍在的存在）をインターネット上に実現している、見るからに難攻不落のネットワークである。といっても、過去には倒れた巨大企業もいくつかある。嵐雲の接近を見落としたために低落へと大きく傾くことは、ノキア（Nokia）を見れば明らかだ。

２００７年、ノキアは世界最大の携帯電話端末メーカーとして、市場占有率49・4％を誇っていた。同社のＣＥＯが、その年の11月に『フォーブス』誌の表紙を飾り、その大見出しには「ノキア……顧客数十億人――この携帯電話の王者を誰か捕まえられるか？」とあった。しかし、同社が低落傾向に陥るという早期警報は、すでに出ていた――同年の早い時期に、アップル社のｉＰｈｏｎｅが登場し、アンドロイド・プラットフォームが商業化された瞬間に。

このことを私が知っているのは、２０００年代初めにノキアと密接に関わる仕事をしていたからだ。内情に通じている人たちから、私宛に電子メールがよく来るようになった。そこには、「数字の計算ばかりしている連中にノキアは牛耳られ、かつて市場に接近していた才能豊かな面々が潰されている」と書かれていた。また、メールには、私が手にしているデバイスは、今ならインターネットに接続しているタブレット端末だと誰にでも認識されるだろうが、顧客は1人としてそれを目にすることはないだろうともあった。そして一番がっかりしたのは、私たちが熱心に取り組んでいた投機的事業と成長のプロセスが次々に破棄されているということだった。ノキアの上層部は、組織の外縁つまり末端部――ビジネスにとって負の影響力をもつ転換点が勢力をしだいに増すところ――と乖離していた。

そして私は、これと同類の（成功によって増幅された）無知が、フェイスブックにも蔓延していると見ている。

次の章では、物事が変わりかけていることを示す弱いシグナルを見つけ、その意味を解釈する方法を紹介しよう。ここでは、どうすればそれらのシグナルをいち早く探知できるかにフォーカスする――フェイスブックにまつわる一連の出来事から例を引きながら。

末端に身を置くこと

雪解けが末端から始まるのなら、あなたはそこで実際に何が起きているのかを知るために、いくつかのメカニズムを整えておかなければならない。これは、名著『シグナル――未来学者が教える予測の技術』（日本語版はダイヤモンド社から刊行）を執筆したエイミー・ウェブのような未来学者たちによって広く処方されたものである。

多くの重役たちの時間の過ごし方を見ていると、末端部まで足を運ぶことは日々のスケジュールに入っていないようだ。彼らなりに言い分はある。日常業務のプレッシャーや今四半期の目標を達成する必要性を引き合いに出したり、さらには経営が順調に進んでいるおかげで（末端部のことに）すっかり関心がなくなってしまったと言ったりもする。そうして結局、彼らは社内の経営陣に囲まれて、本部という安全な場所に留まっているのだ。

では、具体的にどうすればいいのか。次に挙げる8つの行動パターンは、組織の外縁で発生しつつある何事かが、経営陣が知らないうちに会社を吹き飛ばすほどのインパクトをもつことのないように、私から提案するものである。

行動への提言1

情報が役員室に流れるしくみをつくれ

上層部が潜在的に重要な転換点を見逃してしまう原因は、実際に今何が起きているかを彼らに伝えることができる人々と彼らとの間に隔たりがあることだ。自分と異なる意見をもっている、あるいは、異なる目線に立っている人々とのコミュニケーションからみずからを切り離す上層部は、世の中で起きていることについてしだいに勘違いするようになる。

これが、どうやらフェイスブックで起きていることの一部のようだ。これほどの大成功を収めている会社では、その上層部がかなり狭いサークル内に閉じこもるのは驚くべきことではない。こうしたリーダーたちは、その多くが10年かそれ以上の間、同じ組織に身を置くことから、しばしば幹部チームを「ファミリー」と表現する。そのプラス面として報告されるのは、長年にわたる強い絆と信頼関係で、会社が素早く動けるということだ。フェイスブックに転換点が到来した兆候は、この結束の固いチームのメンバーたちの多くが退職を表明したことである。

ところが、一部の観察者たちは、この心地いいファミリーについて前々から苦言を呈していた。「マーク・ザッカーバーグは、ごますりや自分とそっくりな考え方をする連中に取り巻かれている。だから、フェイスブックが世界に与えるマイナスの影響に彼はまったく気づいていないんだ」「フェイスブックは、カルト集団のようだ」とまで言う人たちもいる――カルト集団のように、反対意見が抑えられる職場なら、間違いなく盲点はつくり出されるだろう。

　転換点の早期警報を見つけようとする組織は、本部から遠く離れたところで発生しかけたトレンドや情報でもつかめる方策を整えるものだ。その１つは、上層部のオフィスからビジネスの最前線へと情報が直に流れるシステムを創出することで、これには多くの形態が考えられる。

　ＩＢＭの会長兼ＣＥＯを務めたルイス・ガースナーは、就任して最初の数カ月を、顧客を訪問したり、最前線で働く社員と話をしたりして過ごした――実際に何が起きているかを肌で感じ取るためだが、厳密な階級制度をもつ組織にあって、彼は社員たちを苛立たせることもあったという。彼が独自に開いた「深掘りセッション」に招待されるかどうかは、社内のどの階級に属すかに関係なく、どれだけ多くの情報をもっているかで決められたからだ。

　階級レベルを飛ばした会話も、フィルターのかかっていない情報の源である。１つの方策は、リーダーが定期的に――コンピュータ・プログラムで無作為に選ばれた――さまざまな従業員を朝食に招くというものだ。

もう1つは、シティバンクのクレジットカード部で活用されていることで有名な方策で、毎月リーダーに対して、その月に実際の顧客からリーダー自身が知り得た洞察を1つずつ報告するよう求めるものである。

ここで重要なのは、組織とそれを取り巻く外的環境との境目で変化しているものやことに、決定権をもつ人たち自身がさらされるよう、組織的に安全な方法を提供することだ。

行動への提言2　思考の多様性をつねに考えよ

良きにつけ悪しきにつけ、人間は世界について自分自身の価値基準をもとに予測を立てるものだ。フェイスブックの創業チームと初期ユーザーたちは、単に大学生としてだけでなく、アイビーリーグ（名門私立大学）の学生としての価値基準ももっていた。これが要因で、やがて彼らは自分たちのプラットフォームで——異なる文化基準や組織的期待、そして異なる動機をもつ全人類が、そのプラットフォームにアクセスできるようになると——どういうことが起き得るかについて推測を誤ることになる。

あるブロガーの言葉が的を射ている。「あなたは26歳で、特別にかわいがられた子どもだった。生まれてからずっと裕福で、赤ん坊のころから特権があって、物心ついてからこれまでずっと何をやっても成功の連続だったということだ。それにもちろん、周囲の誰かが何か隠し事をするなどと疑ったりもしない」

想像力の欠如、他者から思いがけない方法で状況をたくみに利用されるのを見抜く能力の欠如は、典型的な盲点と考えてよいだろう。たとえば、『リンクＮＹＣ』プロジェクト（ニューヨーク市内の使われていない公衆電話を活用するための取り組み）を推進する楽観的な人たちは、インターネットにアクセスできる公共の場をつくり出した。創設者たちは、これらのターミナルが地元の情報を探す旅行者の役に立つだろうと考えていた。いいレストランの所在地を突き止めたりすることを想定していたのだ。

彼らのうろたえぶりを想像してみてほしい——街の通りでポルノを見る利用者や、ターミナル周辺に野外のリビングルームを設える者たち、その他、不心得な使い方をする者たちについて続々と報告が寄せられ始めたときの！

自分自身に問いかけてみよう。討論するときに、いつも多様な視座を歓迎しているだろうか？　自分たちとは違う人生経験や考え方をもっている人々の話に耳を傾けているだろうか？　たった１つのシナリオに狙いを定めて、他のシナリオを想像すらしていないのではないか？

行動への提言3　アジリティ（機敏性）を発揮し、バランスをとれ

アマゾンの創業者兼CEO、ジェフ・ベゾスは、すでに知られるように、組織が下す決断には2種類あるとみている。彼が呼ぶところの「第1タイプの決断」は、組織にとって極めて大きな意味をもち、潜在的な高リスクと不可逆性を特徴とする。対照的に、「第2タイプの決断」は可逆性と低リスク、そして豊かな学習能力を伴っている。

よく書かれるアマゾンの成功は、ベゾスが2つ目のタイプの決断に即した行動を取るために、小さなチームをうまく活用して獲得したものである。

これは、従来の官僚主義的なアプローチに代わるものとして、いわゆる「アジリティ」の人気を反映させた手法だ。小さなチームを編成し、そのチームに低リスクの活動についての決定権をもたせる。有名な「2つのピザ」ルールである。2枚のピザ（ホールで）が全員に行き渡らないほどの大きなチームをつくってはならないというものだ。1チーム10名ないし12名程度に抑えるのが望ましいとされ、大きな調整が必要なく、ともに円滑に仕事をおこなうことができる。また、決断を下す際の権限委譲については、社内の官僚主義的な厳しい監視のもとでは下されるはずがないという。

これを知る手がかりとして、小回りの利く機敏なチームと、従来型企業のアクションとの具体的な違いを見てみよう。

２０１５年、ベイン&カンパニーのコンサルタント、クリス・ズックとジェームズ・アレンは、イーベイ（eBay）のＣＥＯであるジョン・ドナヒューの行動パターンを観察した。ドナヒューは、定期的に30歳未満の従業員を集めてミーティングを開いた（こうした若い世代は、買収を通じて入社してくるケースが多かった）。

そのうちの1人、ジャック・エイブラハムは、同社のウェブページを大々的にデザインし直すというアイデアをもっていた。彼にドナヒューが命じたのは、それを実現するのにどういう資源が必要かを考えて提示せよ、というものだった。エイブラハムは、5人の優秀なプログラム開発者を飲みに連れ出し、試作プログラムをつくるためにオーストラリアまで翌日から2週間の旅に出るよう説得した。度肝を抜かれたのはドナヒューだ。「もしも通常のプロダクトチームに依頼していたら」と彼は言う。「パワーポイントのスライドを何百枚も見せられたうえに、制作期間はざっと2年、予算は４０００万ドルってところだったろう。それが、あいつらときたらさっさと姿を消し、毎日寝る間も惜しんで試作プログラムを完成させた。パワーポイントなんかに頼らず、ひたすら制作するチームだった」

ビジネスの最前線にいる人たちを信頼し、彼らに権限を与えることは極めて重要だ。これは、ホーム・デポの方向転換においても大きく作用した——目標を達成するためにやってはならないことがあるとすれば、それは高い料金を払ってコンサルタントを何人も雇い、現場の人たちと話をさせ、その話を意思決定者に報告させるということだ！

行動への提言４　「小さな賭け」を促進せよ

これについては、フェイスブックも問題なく実行できている。ちなみに、この方法はピーター・シムズが自著『小さく賭けろ！　世界を変えた人と組織の成功の秘密』（日経ＢＰ）で提起した考え方にもとづくものだ。

もう１つ別の例を挙げよう。アドビ（Adobe）はそのキックボックス（Kickbox）プログラムを使って、組織のいたるところにいる人員——たいてい、戦略会議やイノベーション計画会議の場で意見を求められない面々——にアイデアや参考資料の提供を求めている。アドビの考えは、どれほどクリエイティブな着想でも、社内の官僚的な手続きを経るうちに精彩を失うことも多いということだ。そこで導入されたのが、このキックボックス——「アイデアを思いついたら開封してください」と書かれた、赤い段ボール箱。

箱の中身は、（箱を「クリアする」ための）説明書一式、油性ペン1本、ポスト・イット（付箋紙）2セット、タイマー1個、「ダメなアイデア」のための手帳1冊、少しだけ大きなノート1冊、キャラメル&シーソルト・チョコバー1本、それにスターバックスのギフトカード（額面10ドル）1枚だ。最後の2つは、あらゆる優れたイノベーションには糖分とカフェインの安定確保が欠かせないからだという。

キックボックスが、いわゆる「提案箱」や「イノベーション短期集中トレーニング」と違うのは、この箱にはさらに１０００ドル分のプリペイドカードが入っていることだ。しかも、１０００ドルの使途の説明や報告はいっさい必要ない。

キックボックスを発案して具体化したのは、アドビの最高戦略責任者でありクリエイティビティ担当バイスプレジデントでもあるマーク・ランドールだ。自社がソフトウェアのパッケージ製品からクラウドベースのサービスへと移行しているさなかに、ランドールは、この大転換を利用して、新たなアイデアから新製品を開発するアドビの手順を厳しく見直した。そして、末端部から洞察を得るという最善のアプローチをとった——何が有望なアイデアの追求を阻んでいるのかを見極めるために、何十人もの従業員と面談して。有望なアイデアは、おそらく従業員たちが（顧客や次のステップについて）それぞれ独自に得ている洞察にもとづいたものだと考えてのことだった。

これは私の主張と一致している。つまり、（アドビにとって）大きな問題は興味深いアイデアを思いつくことではなく、先に進むのに不可欠な承認を得るために、官僚的な手続きをくぐり抜けることだったのだ。ランドールには、超一級の洞察力があった。彼は１００万ドルのプロジェクト１つ分の費用で、１０００ドル分の小さな賭けを１０００個もまかなうことができた。

従業員なら誰でもキックボックスを申請でき、締め切りもペナルティもない。参加者は２日間の研修コースに出席するように勧められる（が、要求されることはない）。研修内容は、アイデアを細かく吟味して、それを膨らませるための基本的な手順――たとえば、消費者利益の測定など――についてだ。キックボックスに付随するカリキュラムは６段階に分かれていて、それぞれのレベルに次に進むべきステップと質問がいくつか用意されている。全段階を完了すると、「箱をクリアした」となる。

これまでにキックボックスを手に入れた１０００名のうち、比較的少数の社員しか次のレベルに進んでいない――アドビはキックボックスのプログラムで培われた洞察のおかげで、コンテンツ企業のフォトリアを８億ドルで買収できたと考えているようだが。

ともかく、23名のキックボクサーたちが見事に６段階をクリアした。こうなると彼らにはそれぞれのアイデアに関して経営陣を納得させるのに必要なものすべてが揃ったことになる。次に彼らが手に入れるのは、貴重な青いキックボックスだ。青い箱の中身は謎だが、その譲渡が、組織の末端部「赤い箱」から意思決定のカギを握る立場「青い箱」への旅路を象徴しているのは間違いない。

さらにアドビは、他の組織や団体が試せるように、キックボックスのプログラムをオープンソース化している。

行動への提言 5　建物の外へ踏み出す

動機が何であれ、データマーケティング企業側の善意から始まったことが、いくつもの意図しない結果を生んだことははっきりしている。

いち早く声を上げる人たちは、個人的に外部環境と接点をもつように心がけている。何がどう変化しているかを探るためだ。そして、シリアル・アントレプレナー（連続起業家）、教育者、「顧客発見」（customer discovery）プロセスの考案者であるスティーブ・ブランクも、事あるごとに「建物内に答えは1つもない」と言っている。

彼が奨励するのは、組織の全員が外へ飛び出して顧客との会話からインスピレーションとアイデアを見つけることだ。しかしこれには複雑な面がある。最前線の従業員たちは、上層部に対して無意識に情報を隠そうとしがちだからだ――ひたすらいい印象を与えたいがために。

勤務時間について『ニューヨーク・タイムズ』紙が組んだ特集記事を読めば、こうした事態がどうして起きるのか分かるだろう。

ギャップ（GAP）が従業員にもっと安定して予測可能な就労時間を提供することにビジネス利益を見出したという記事だ。これは一部の経営者にとって容易なことではなかったという。実際に、ある店舗責任者は「毎日、取締役の訪問まで交代勤務グループを２つから３つに増やしていた」と語った。

顧客との接触に努めた取締役の姿勢は立派だが、その努力は店舗責任者の判断によって完全に無駄になった。取締役が体験した店舗は、顧客と日常的に遭遇するものではなかった。予算オーバーのスタッフ増員が（臨時に）実施された店舗だったのだ。「順調ではないかも知れない」というシグナルを見落としたのも当然だ。むしろ見抜くチャンスなどなかっただろう。とはいえ、その店舗責任者に非があるというわけでもない。

多くの企業文化において、こうしたことは標準的な運営手順である。まるで、お客が来る前にリビングルームをきれいに片づけるようなものだ。私たちは皆、通されたリビングルームがいつもこうではないことを知っている！

奨励するのは、組織と顧客との接点で何が実際に起きているか、身をもって体験することだ。そして、もう１つの対策は、上層部が自然に顧客に出くわすように彼らを配置することだ。

たとえば、アクションがある場所の近くにデスクを移動したり、重大な会話がなされるときには同席するのを基本ルールとしたりするのもいいだろう。

おそらく、さまざまな「建物の外へ足を踏み出す」タイプの行動が役立つだろう。私が気に入っているのは、ソルブ・ネクスト（Solve Next）の同僚からの拝借で、「ブランド・テイクオーバー」と呼ばれるものだ。

あなたは、まず自社が他の組織に乗っ取られたところを想像する。それから自問する。「その組織は何を始めるよう指示するだろうか？　何を止めさせられるだろう？　もっと莫大なマーケティング資金を使えることになって、使い方を求められたらどうしよう？」

まったく異なる組織の一員になることを想像するだけで、底知れない解放感がもたらされることもある。

行動への提言 6　言いにくいことでも、重要な情報は明らかにする

フェイスブックのビジネスモデルが個人情報を売ることに依拠すると考えれば、このプロセスに弊害があるという報道が歓迎されなかったのは、何ら驚くことではない。フェイスブックの経営陣は単純に聞きたくなかったのだ。彼らはプライバシーに関する質問を素っ気

なく退けた――「ユーザーは同意している」と主張して。

NPR（米国公共ラジオ放送）のアーティ・シャハニが指摘したように、フェイスブックにとっての真の問題は、ユーザーのエンゲージメント率を他のどの測定基準よりも優先させていることだ。彼女はこう報告している。

「フェイスブックで仕事をした経験のある人たちによると、初日から幹部たちの注意がエンゲージメント測定だけに向けられていたそうだ。ユーザーがどれくらい「好き」か、クリックするか、シェアするか、何秒動画を視聴するか。そして現社員も元社員も口を揃えて、プロダクト会議でニュースフィード――フェイスブックの看板プロダクト――を微調整する趣旨の提案をするときには、かならずエンゲージメント率への影響に関する詳しい分析を添えなければならないと言う。この基準を執拗なまでに重視する態度は、フェイスブックのブログ投稿や独自リサーチからも明らかだ」

ここでの教訓は、強力なビジネス・インセンティブが、不愉快な教訓をも取り込んで吸収しようとする意欲を阻害する可能性もあるということだ。実際に、強力な幹部向けインセンティブが、誰ひとり望まない結果をもたらす場合もある。エンロン――あの不祥事を起こした総合エネルギー会社――が、そのよい例だ。企業パフォーマンスによって株主価値が損なわれる一方で、社内の幹部には巨額の報奨金が用意された。このインセンティブに釣られて、幹部たちは株価を上げることに奔走し、そこから道徳上問題のある行動だけでなく最終的に違法行為にまで発展したのだ。

自分たちのやっていることが違法行為だと気づいた時点で、企業が操業を停止するのは可能だということは記憶しておくべきだろう。たとえば、アエレオ（Aereo）——すでに放送されたテレビ番組をインターネット上で再販しようと試みたスタートアップ企業——について考えてみよう。そのビジネスモデルに業を煮やした人々は、強力な原告団を結成してアエレオを告訴し、その訴訟は連邦最高裁判所まで持ち込まれた。一方、フェイスブックはあまりにも多くの訴訟問題を起こしているので、（年4回発表の）米国証券取引委員会レポートのなかでみずからそれらの訴訟ケースに言及している。

行動への提言7　現実から逃げない

フェイスブックが何か深刻な過ちを犯しているという確証はいくつもあるのに、会社が発表する公式声明には相変わらず事態を軽視する態度が表れている。このプラットフォームが2016年の大統領選挙に影響を与えたなどと誰も考えていないというコメントから、ホロコースト否定論者たちがフェイスブック上で自分たちの意見を拡散する権利を擁護するコメントまで、違法ではないにしても、モラルに反する目的でフェイスブックが使われることに、会社として責任を取ろうという意志はほとんどないようだ。

これはさまざまな意味で興味深い。なぜなら、２０１０年にフェイスブック自体がおこなったリサーチの結果、このソーシャルネットワークが中間選挙の投票率に大きなインパクトを与えたことが判明したからだ。

この振る舞いは、別に新しくはない。上層部はかなり意図的に見て見ぬ振りをする。そのほうが都合がいいからだ。

たとえば、アメリカの代表的な地図専門出版社ランドマクナリーのＣＥＯ（当時）ロバート・Ｓ・アパトフは、２００６年のインタビューで、デジタル革命の将来的な影響を基本的に否定する発言をした　昔ながらの折りたたみ式の地図は消え去るだろうと思っている人たちは考え直すべきだと。

「新聞が姿を消すと言っているようなものだ。もちろん使い方はいくらか変わっていくだろうが、やっぱりコーヒーを片手に新聞を開いて読みたい人は多いはず。旅を計画するときも同じだ。地図をじっくり眺めたい人々の気持ちは、これからもずっと変わらないだろう」

地図や地図帳は、すでに掌《てのひら》サイズの電子機器やインターネットと一緒に使われている。

２００７年、ランドマクナリーは、ディストレスト資産投資会社パトリアーク・パートナーズに買収された。

行動への提言8　今、展開しつつある未来と向き合う

ＳＦ作家、ウィリアム・フォード・ギブスンの有名な言葉に、「未来はすでにここにある。ただ均等に行き渡っていないだけだ」というのがある。コンサルタント会社、イノサイトの我が同僚であるスコット・アンソニーは、この概念を実用的な処方に変えた――「未来の代表者と話をできる場所を特定せよ」と。

たとえば、10年先の20代が世界をどう見るかを知りたいなら、まずは現在の10代と会話をもてばいいことは明白だろう。最先端技術の開発に興味があるなら、ほとんど、どのセクターにおいても、早い段階でアイデア提起の会議が開かれているはずだ。

コロンビア大学での私の同僚、フランク・ローズは『デジタル・ストーリーテリング・ラボ』（Digital Storytelling Lab）と呼ばれる画期的なプログラムを運営している。デジタル技術が、私たちの互いにシェアするストーリーや体験にどういう影響を及ぼしているかを探るプログラムだ。このラボの新たな取り組みの1つに、『デジタル・ダズン』（Digital Dozen）という競技会がある。ここでは、「ナラティブへの斬新なアプローチ」を開発した出場者に賞が贈られる。フランクがこの競技会を始めた理由は、人間のコミュニケーションにおける革

命がそれぞれ成熟した形を成すまでに約20年かかるという彼自身の確信にある。

たとえば、「活動写真」が最初に商業化されたときには、誰ひとり「映画」の正体を知らなかったと彼は指摘する。それで、当時の人々は何をしたのか？　舞台演劇を撮影した！　オンライン教育についても同じことが言えるだろう。とりあえず私たちは教室の前で話をする教授を撮影するけれども、それがこの新たな媒体の最終形態であるはずはない。かといって、今後どういうものになるかわからないので、結局は実験と試行錯誤をくり返すほかないということになる。

映画に関しては、今ごく普通の映画制作の要素として考えられるものが、標準的な手法になるまでに何年もかかった。物語の流れとは異なる撮影順序、さまざまなカメラアングルで同じシーンをとらえる撮影手法、それに、カットや編集などの数多くの技術は、活動写真が発明されたころには想像さえしなかった。

未来はある日突然起きるものではない。それは不均等に展開し始める。もしあなたが今どこで起き始めているのかと「インタビュー」できたら、おそらく、未来に対する早期の見解（ポイント・オブ・ビュー）を持つことができたことになる。

現場が大事なことに気づくこともある

フェイスブックの個人データ使用にまつわるドラマは、組織の末端部で何が起きているかに注意を払わないことから生じるさまざまな危険性を露呈している。また、いままさに出現しつつある転換点に、直接遭遇する人たちに注意を向けることも重要だ。転換点を理解するのにもっとも役立つ場所に、彼らが居合わせているかもしれない。

あるいは、もし自分が末端部にいるなら、この考えをもち続けてほしい。

「自分の出番は、思いのほか早く来るかもしれない」

今にも起きようとしている変化をいち早く察知できる場所に身を置くことにより、とてつもなく鋭い洞察が与えられる可能性がある――（その結果が誰の目にも明らかになる前に）今とるべき行動への洞察が。

この章のキーポイント

雪は先のほうから溶け始める。ビジネスの未来に根本的な影響を与える変化も、その外縁で起き始めている。転換点に不意を突かれることのないように、組織の末端部で起きている物事を体験しよう。

大きな戦略転換点によってつくり出される変動は、たいていの場合、展開にかなりの時間を要する。初めて目撃したときには、その変動はまだ「完結」していないことが多い。けれども注意を払っていれば、その軌跡の意味するところを早くからとらえられるに違いない――それらに影響を与えることが可能なうちに。

ここに提案する８つの行動を実践すれば、組織の末端部で何が起きているのかを確実に知ることができる。

１　会社の末端部と首脳部が直接つながる体制を整えよう。

２　未来についての多様な考え方を尊重するために、あえて自分の流儀から外れよう。

３　撤回することができない重大な（第１タイプの）決断を下すためには、慎重な意思決定プロセスを使おう。撤回可能で実験的な（第２タイプの）決断は、小さく機敏なチームに委ねよう。

4　失敗から大いに学べる小さな賭けを、組織のいたるところで促進せよ。

5　外的環境との直接の接触を追求せよ――「建物の外へ踏み出そう」。

6　社内の人々に、現状をありのままに聞く気にさせるインセンティブを与えよう。その逆であってはならない。

7　社内の人々がいつ否定の立場をとるかを把握せよ。

8　今日、未来が展開しつつあるところに自分自身と組織をさらけ出そう。

転換点がどう展開していくかを察知するのは、かならずしもＣＥＯだけではない。むしろ、あなたの位置が外部のビジネス・トレンドに近ければ近いほど、転換点の到来に気づく可能性は高まるだろう。

2
「早期のアラート」を見逃さない

大惨事の可能性は、
実際よりはるかに多く存在する。

パトリック・マーレン
（フューチャーズ・ストラテジー・グループ代表）

迫り来る転換点のシグナルが微弱であっても、いち早くそれに気づけるなら、誰よりも有利なスタートを切ることができる。

転換点は、変化――一部の人々にテン・エックス変化と呼ばれるもの――がビジネスモデルのもととなる基本的な前提を覆すときに起きる。その明快な瞬間が訪れたなら、軍勢を結集し、焦点を絞り込み、そして転換後の世界に備えるべく、全力を挙げて組織を整えなければならない。

この章で扱うのは、そうした認知の後に何が起きるかについてではない。むしろ、潜在的な変化、脅威、そして、いわゆるアハ・モーメント（ひらめきの瞬間）に先んじるチャンスが混ざり合った正体不明の混沌に焦点を当てる。混乱とフラストレーションの高まる時期であり、環境における変化がどれほど重要か、どれほど重大な結果を招くか、どれほど危険か、または、どれほど価値があるかについて、人々の意見が大きく違う時期であり、そうだとしても当然だ。

デジタル化社会の到来を否定した人たち

今となっては愉快とも言える、初期のインターネット批判の１つとして、『ニューズウィーク』誌はクリフォード・ストールによる『なぜウェブは安息の地にならないか』というタイトルの寄稿文を１９９５年2月号に掲載した。そこには、こう書かれている。

予言者たちには、テレワークをする労働者やインタラクティブな図書館やマルチメディア教室といった未来が見えている。電子化した町民会議や仮想コミュニティについて語られる。商業やビジネスは、オフィスや商店街からネットワークとモデムへとシフトするという。さらに、デジタルネットワークの自由が、政府をもっと民主的なものにするらしい。

いや、でたらめだ。コンピュータ専門の学識者たちには、常識のかけらもないのか？ 真実は、オンライン・データサービスが日々の新聞に取って代わりはしないこと、ＣＤ－ＲＯＭが有能な教師の代理を務めはしないこと、それに、コンピュータ・ネットワークが政府のあり方を変えはしないことだった。

では、電子出版はどうだろう？ 試しにディスク上の本を読んでみるといい。ひいき目に見ても、快適な読書とは言えない。コンピュータのうっすらと光る画面が、親しみのある本の頁に代わっているからだ。しかも、ビーチまでかかえて行くこともできないではないか。それでも、マサチューセッツ工科大学メディアラボ所長のニコラス・ネグロポンテは、近いうちに我々がインターネットを通じて本や新聞を買うことになると予測していた。

私たちが忘れてならないのは、かつて、年に40号の印刷版を大量発行していた『ニューズウィーク』誌が、２０１２年に経営破綻したことだ――まさに、決して起こらないとストールが示唆した大変動の犠牲となって。

それでも、変化の兆しが見えたからといって、かならずしも、それに大急ぎで投資すべきだということではない。

たとえば、１９９５年、アマゾンが最初の販売をおこない、ストールが自身の懐疑的な考えを表明した年に、研究者たちはどういう種類の企業がどういう目的でインターネットを使っているかを調査した。彼らは、その時点でウェブページを立ち上げていた３００余りの企業を調べ、インターネットの商業目的利用は原始的な段階であると結論づけている。対象企業の一部が、テクノロジーの成熟につれて、たしかに「ランドラッシュ」的な争奪戦に加わっていると回答する一方で、残りの企業のほとんどが、この（調査に協力した）１社の発言に同調していた。

> 営業実績は悲惨なもので、かろうじてウェブサイトの維持費をまかなえるかというところだ……私には、少なくとも今後20年は、インターネットがコンピュータ関連製品以外のプロダクトにとって実行可能な市場開拓ツールになるとは思えない。

１９９５年のネットショッピング体験が、現在のそれとは根本的に違っていたことを思い起こしてほしい。１９９７年でさえ、コンピュータを所有する世帯はアメリカの全世帯の

40%に満たなかった。さらに、インターネットにアクセスしていた世帯は20%未満だった。そのアクセスも、おもにアメリカ・オンライン（ＡＯＬ）の接続サービスを通じて、遅くて途切れがちなダイヤルアップ式モデムによって提供されたものだ。当時は、ＡＯＬは利用者に対してアクセス提供の費用を時間単位で課金していた。１９９６年に、その課金システムは毎月何時間使っても19・95ドルという定額制に移行し、それによって、ネット接続料についての利用者の不安は減ったものの、同時に、通信回線を行き交うデータ量は急増した。そのため、多くの顧客が絶え間ない「通話中」の信号音に辟易《へきえき》し、結局はネット接続サービスを断念することになった。

当初は、信頼性のある便利なオンライン決済の方法もほとんどなく、ｅコマースという考え方もまだ主流になっていなかった。また、消費者が自分の探す物を見つけることも簡単ではなかった。さらに、競合する検索エンジンは異なるビジネスモデルを使い、一部には（顧客の興味や熱意を制限する）「検索毎の課金方式」も含まれていた。初期の検索エンジンは存在していたが、無料検索エンジン、グーグルは、さらに数年経って登場した。

現在、誰もが知っている常時接続の高速ブロードバンド・サービスは、実のところ、２０００年ごろにようやく始まったものだ。そしてアメリカの全世帯の半数がコンピュータとブロードバンド接続の両方を得たのは、２００７年になってからだった。この年は、もちろん、アップルが初代iPhoneを発売し、ブロードバンド接続に匹敵するものを万人がポケットに入れた年でもある。

公平な立場で、1995年に営業していた従来型小売店の視点から言えば、インターネットの能力に大々的な投資をするのは（当時のテクノロジーの未熟さを思うと）無謀なことだっただろう。これは、転換点の展開としても非常に混乱した時期である。2000年のAOLとタイム・ワーナーとの合併に多くの人々が動揺し、もしかするとインターネットに大きな賭けをすべきかと思い始めた一方で、その急速な低落傾向により、多くの人がインターネットへの賭けは意味のないことだと思い直す。たしかに、迫り来る転換点を活用するために、早過ぎる動きは喜ばしいことではない。

初期のウェブに、転換点の油断ならない側面の1つを解説したものがある。転換点が最初に現れたとき、それがどうなるかを推測するのは可能でも、早い段階では、どこか不完全なものである。エコシステムは、それが完全な解決策をもたらすまで形成されることはない。

ブロックチェーン——現在、輝かしい発達段階にあるテクノロジー——を例にとって説明しよう。このハイテク技術がいくつかの難問への有望な解決策を提供する一方で、その制度的なフレームワーク配備は不完全なままだ。私たちは、それが主流になるまでのプロトコルや評価基準やルールに同意していない――今のところは。だからといって、決して私たちがそれを無視していいことにはならない。

ただ、これが有用な技術になるために不可欠なものは何か、そして、いつそのときが来るのかについて、１つの見解をまとめ上げる必要があるということだ。

この章の課題は、転換点のシグナルが強く明白になる前の時期を探索することだ。潜在的な転換点を表すものが多く存在するとき、実際に重要な意味を持つであろう弱いシグナルを逃さず感知するのは容易なことではない。

くしくも、ビル・ゲイツは１９９５年に著書『ビル・ゲイツ 未来を語る』（アスキー）のなかでこう述べている。「僕たちは常に、次の2年間に起こる変化を過大評価し、次の10年間に起こる変化を過小評価する。そのために自分が非行動的になってしまってはならない」

問題は、ガートナーが呼ぶところの「ハイプ・サイクル」である。このサイクルでは、何らかの輝かしい新たなものが過度に注目された後、人々の生活にこれといった変化をもたらさないことが判明し、やがて人々はそれに興味を失い、その重要性を疑うようになる。たしかに、ゲイツは情報スーパーハイウェイを予測していたが、皮肉なことに、マイクロソフトはインターネット――いずれ、この会社を守勢に回すことになるもの――の登場に驚かされる結果となった。

２０００年、ゲイツは長年の右腕だったスティーブ・バルマーを次期ＣＥＯに選んだ。会社は極めて高い利益を得ていたが、２０１６年にスティーブ・ブランク（訳注：米国の起業家。リーンスタートアップの生みの親と呼ばれている）は、バルマー時代（２０００年１月〜２０１４年２月）にマイクロソフトが今世紀最大のテクノロジー動向のトップ５を理解していなかったと指摘した。

「検索ではグーグルに敗北。スマートフォンではアップルに敗北。モバイルＯＳではグーグルとアップルに敗北。メディアではアップルとネットフリックスに敗北。そしてクラウドでは、アマゾンに敗北を喫した。マイクロソフトは、（ほぼ全世界のデスクトップ・コンピュータの）ＯＳの95％を所有しつつ20世紀をあとにした。にもかかわらず、21世紀に入って15年経つと、出荷されたスマートフォン20億台のうち、マイクロソフトのモバイルＯＳ占有率はわずか１％だった」

　ここに示されているのは、競合他社が見逃さないひそかなシグナルを見落とすリスクである。

　弱いシグナルが戦略的な好機を表すのは、転換点が展開しているうちにそれに気づくのが早ければ早いほど、それに効果的に対応する独自の戦略を容易に組み立てることができるからだ。私は、車の運転になぞらえたこの比喩が気に入っている――ずっと先の先まで見通せたら、ハンドルをほんの少し動かすだけで軌道を調整することができる。けれども、転換点に気づくのが目前に迫ってからだったら、とっさに急ハンドルを切らざるを得ない。

ファクトを使いこなす「3つの指標」

大多数の経営者は、自分がデータ駆動型であることに誇りをもち、具体的な数字にこだわり、諸々の事実（ファクト）に通じていると自負しているだろう。インフォシス（Infosys）の上級執行役員を務めている友人はこのように言う。「我々が信頼するのは、神のみ。あとはデータを持ちよる他ない！」

実際、多くの組織で、万全なスライドデッキや、この上なく詳細なスプレッドシート、それに正確な参照データを用意することに膨大な時間がかけられている。

しかし、このファクト重視には難点がある。それは、（残念ながら）事実が潜在的に重要なものは何かを示す遅行指標になる場合が多いということだ。つまり、あなたが実際に１つのファクトを取り扱うころには、そのファクトにつながった出来事がすでに起きているということだ。

1　遅行指標

遅行指標とは、生産や雇用などさまざまな活動がもたらした結果である。ビジネスでもっともよく用いられる評価基準が、この遅行指標だ。利益率、売り上げ、投資利益、それに1株当たりの利益さえもすべて、過去のある時点で下された決断がもたらした結果である。

私が連携している企業の多くは、もっとも重大な決断を下す際に遅行指標を使う傾向が強い。会計数字のような明確な評価基準さえも、個人的な好みの影響を受けるという研究報告があるにもかかわらず、数字が私たちをだますはずがないと信じ込んでいる。多くの企業が戦略的な意思決定に際して遅行指標をもとに判断するのを好むが、組織的な偏向には問題がある。転換点が新たな現実をあなたに差し出すころには、すでに手遅れになっているからだ。

数字というのは、時の経過とともにパターンを見抜くことによって、トレンドや切れ目を特定する場合には役立つこともある。しかし数字を単独で見るのであれば、それだけで特に役立つことはない――もしあなたの目標が、未来を理解し、すぐ近くの角を曲がったところにある景色を見ることならば。

一般的な遅行指標には、次のようなものが含まれる。

◆営業利益＝営業活動から生み出された利益のこと
◆EBITDA＝Earnings Before Interest, Taxes, Depreciation, and Amortization の略。税引前利益に支払利息、減価償却費を加えて算出される利益のこと
◆売上高＝一定期間に会社が受け取る売上額の総計
◆売上成長率または減少率＝前期からの変動
◆純資産利益率＝会社の総資産を用いて生み出した純利益率
◆営業利益増減＝前年度からの変動

見てのとおり、これらの数字はいずれも結果を表すものだ。あくまでも、その数字を出すためにとった行動の反映であって、将来的に何をする必要があるかを指し示すものではない。

多くの企業戦略家や長期計画立案者は同意するだろうが、多数の上場企業に見られる四半期利益への執着は気が重い。四半期の遅行指標の見栄えをよくするための努力を続けるうちに、利益を長期にわたって伸ばすための要因がなおざりにされてしまうからだ。

2 現行指標

現行指標には、物事の現状に関するデータが示されている。即時的なシステムに人気が集

まるのは、1つには、あなたが今まさにどこにいるかを知っていることに価値があるからだ。これは、（現在地と、目的地に着くまでの時間を示す）経路・ルート検索アプリに似ている。センサー接続タイプのモニタリングからエンタープライズ・リソース・プランニング（ERP）（訳注：企業内のユニットごとに管理されている情報を統合管理するための手法またはソフトウェア）にいたるまで、あらゆる産業がこの問いに答えられるかどうかにかかっている。「今、何が起きている？」

多くの現行指標は、一定のビジネスにおける（ある時点での）証明ずみの成功レシピにもとづくものだ。経営者たちはこういった指標に注意を払い、アナリストたちはそれらを調べるための訓練を受けている。従業員も幹部役員も、それらに重点を置く。そして多くの場合、将来的に何が成功をもたらすかの予測因子に違いないと決めてかかる。

たとえば、従来のエネルギービジネスにおいては、多くの主要指標（key performance metrics）が、送電網にもとづく集中型電力供給ネットワークを想定してしだいに伸びてきている。こうした指標の具体例は……

◆停電と平均的な持続時間＝現在、顧客はどれくらいのサービス途絶を経験しているのか。
◆セクター別の消費量＝誰が自社のエネルギーを消費しているのか、そして、いつ消費しているのか。

◆営業キャッシュフロー＝営業活動からどれくらいのキャッシュを生み出しているか。
◆生産コスト＝自社のエネルギーを産出するのにかかる費用。異なるエネルギー源との比較ではどうか。
◆有効度係数（または稼働率）＝現在のエネルギー需要を十分に満たせるかどうか。
◆資産活用率＝自社の資産をどれほど有効に活用しているか。

エネルギー企業各社の送電網にもとづく大まかなユーティリティ調整への主要制約が現状のまま推移するかぎり、これらの評価基準（主要指標）は意味をなす。しかし、このような指標が、将来のエネルギービジネスのために準備を整えるうえで参考になることはほとんどない。

この章の後半でも触れるとおり、再生可能なエネルギーの出現も、電気自動車のエネルギー消費との関連も、スマートサーモスタットに導かれる消費の変化も、そして、将来的に顧客が（電力）供給会社を選択し、相互作用メカニズムを活用するだろうという発想そのものも、これらの現行指標には反映されていない。

従業員のインセンティブを、現行指標に沿った形で営業成績と結びつける企業が多い。たいていの人がわざわざそれらの指標の先を見通そうとしないのは驚くことではない。このアプローチは変わりゆく環境において、重大な盲点を生み出す原因にもなり得る。さらに、当然と見なされる事柄を反映させた主要指標は、転換点によって一変する。結局のところ、ひたすら現行指標に注目するのは今後の助けにはならないのだ。

3　先行指標

先行指標は、ビジネスにおいてまだ事実となっていない事柄を表すものだ。それらは、後々、事実へとつながっていく可能性をもつが、現時点では、まだ推測や憶測または想定でしかない。多くの場合、それらは〝量〟ではなく〝質〟に着目したものである。また、細部まで正確なパワーポイントのチャートではなく、むしろストーリーとして語られることが多い。こうした理由により、経営陣の多くはそれらにもとづいて重大な決断を下すことをためらう。

これは戦略的転換点の世界で第一級の愚行になり得る。なぜなら、未来についてのアイデアはこの先行指標のなかにこそ見出せるからだ。

サンジェイ・プロヒット——プランニング責任者としてインフォシスを10年以上にわたり牽引した中心的な人物——は、非常に長い時間をかけて先行指標を探すことが、彼の役割の中核だと語る。

「ある組織が転換点を予見しているとわかったとき、そこにはかならず先行指標を形にしようとする積極的な努力があった……僕は、会社の外縁にある情報を求め続けているんだ。そして、こう自問する。『おまえは、その外縁とどう関わるのか？』。昔はよく、営業部員の連中と長時間一緒にいたものだ。マーケットの中で聞き耳を立てて、手がかりを探すこともよくあった――『彼らは、生活のなかで起き始めている変化を何か目にしているか？』と。……それは、いうなれば大量のシグナルを処理する作業だ。僕自身、実にたくさんの時間を費やしてシグナルをつかもうとしたものだ」

プロヒットは、幾多の転換点を見てきたが、２０１４年にインフォシス所有のスタートアップ企業、エッジヴァーブ・システムズの創設者兼ＣＥＯに着任した。インフォシスの従来型コアビジネスとは対照的に、プラットフォーム戦略の可能性を探ることを目的とする企業だ。これは、アマゾンのウェブサービス、グーグル、その他の強力なプラットフォームの台頭への直接的な対応だった。

「指標」と「結果」の関係性

これらの異なる種類の指標と結果との関係性を、次の表で見てみよう。仮に、あなたの知

遅行	現行	先行
顧客離れ	顧客満足	従業員エンゲージメント
従業員離職率	従業員エンゲージメント	管理有効性
新プロダクトによる売り上げ	顧客利用状況	“カスタマー・ラブ”

りたい結果（事実）が「顧客離れ」――いったん獲得した顧客のうち何人が一定期間に他社の商品やサービスに移行したか――だとすると、この情報だけを獲得してもその数値を減らすための方法はわからない。事態の真相を探るには、「顧客満足」と「顧客離脱」との相関関係を見つけることだ。現在の顧客満足は「未来の顧客意思」とほとんど同じ指標と見なせるだろう。

では、顧客満足の示すものは？　多くの調査結果によれば、従業員満足と従業員エンゲージメントに大きな役割を果たしているという。そのため、従業員エンゲージメントは先行指標の1つとなっている。これによって、今後、顧客の離脱傾向がどうなるか、また、どういう措置をとるべきかが示される。

もし、従業員離職率が知りたかったら、いくつかのレベルの従業員エンゲージメントを、違う種類の指標（この場合は、現行指標）として見ることもできるだろう。極めて仕事熱心な従業員は、あまり熱心ではない従業員よりも離職する可能性が低い。また、これらの従業員がどう管理されているかという管理有効性は、１つの先行指標と見なせるかもしれない。

チーム内の心理的安全性という要素には、とりわけ従業員エンゲージメントや残留傾向との深い相互関係がある――エイミー・エドモンドソンが何年も前に発見し、さらに近年、グーグルによる大規模調査が改めて確認したことと同様だ。

３つ目の例として、サティア・ナデラの舵取りを見てみよう。２０１４年に、スティーブ・バルマーに代わってマイクロソフトのＣＥＯに就任した人物だ。彼はバルマー時代の特徴だったウィンドウズ主導型の利益重視を続けるのではなく、先行指標にフォーカスした指導力を発揮した――２０１５年のインタビューで、こう語っている。

「我々は、もう成功の遅行指標について話し合うことはない。そう、売り上げや利益のことだ。じゃあ、何が成功の先行指標なのか。カスタマー・ラブだよ」

ナデラが確信しているのは、先行指標を適切に整えられるなら残りのすべてはそれについてくるということだ。就任して数年が経つと、彼はこのソフトウェア巨大企業に大変革をもたらし、テクノロジーの新たな成長エリアにとってその実質的な価値を高めたとして――さらに、同社のアジュール・クラウドサービスを誕生させ、強力なアマゾンウェブサービスに闘いを挑んだとして――大きな称賛を浴びた。

さて、こうなると私たちには新たな問題が突きつけられる。早期の、まだ認識されない局面にある潜在的な転換点を示す先行指標は、どうすれば開発できるのだろう？

「自由度」と「シグナル強度」は反比例する

先行指標の獲得を考えるうえで有用なモデルが１つある。かつてはフューチャーズ・グループとして知られ、現在はフューチャーズ・ストラテジー・グループとして知られるコンサルティング会社がつくりだしたモデルだ。それは、未来に関する一定の情報の「シグナル強度」を査定することから始まる。

左の図①にあるように、早い段階のシグナルは弱い。シグナル対ノイズ比はかなり高く、この段階で大きな戦略的行動を起こすのは間違っている。途方もない量の不確定要素があるからだ。

ところが、情報には非直線的に勢いが増す局面がある。先に挙げたインターネットの例を再び引き合いに出すと、１９９５年から２０００年までの5年間は、インターネットが大きなインパクトを小売業に（他のどの業種にも）与えつつあるというシグナルが騒々しかった。過剰に期待する人たちもいれば、取り合わない人もいたが、現実に、その5年間インターネットがもたらしたものは、（遅くて高価なダイヤルアップ式モデム、制限のある回線容量、

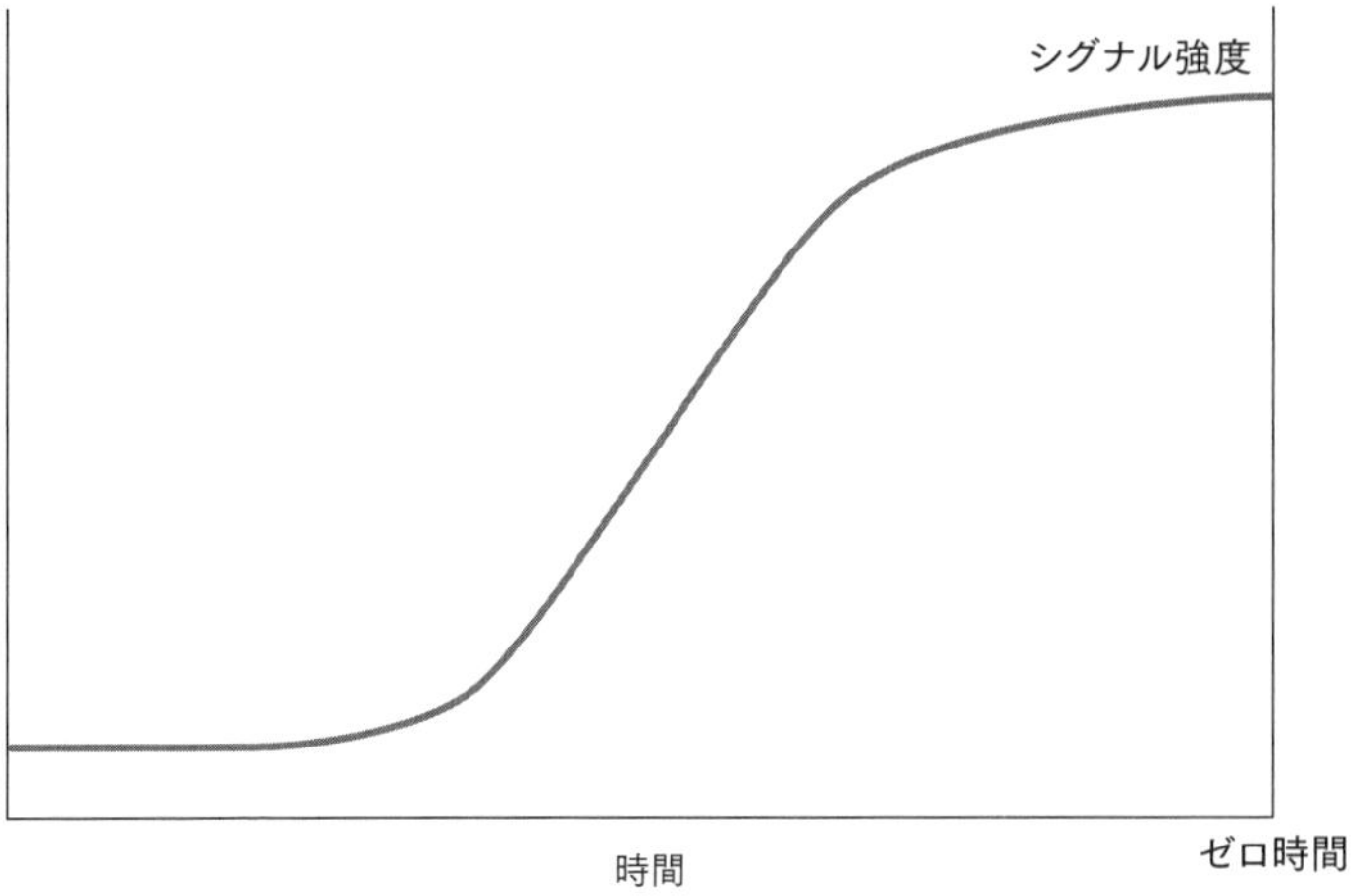

図① 時間とともに増加するシグナル強度

ほとんど利益の上がらないビジネスモデルなど）システムの不備に対処する企業の苦闘だった。

次の５年（２０００年から２００５年）がめぐってくるころには、最初のドットコム・バブル崩壊を生き延びた一部企業は、すでにこうした事態の大半を察知していたという。

電子メールが一般的になり、ブロードバンドや常時接続が広く採用されるようになった。かつては専門家の間で意見が分かれていたにもかかわらず、インターネットが世界を劇的に変えるというシグナルは、短期間のうちに、疑う余地のないものになった。シグナル強度の急速な増加は、この２０００年からの５年間に起きたと考えてよいだろう。

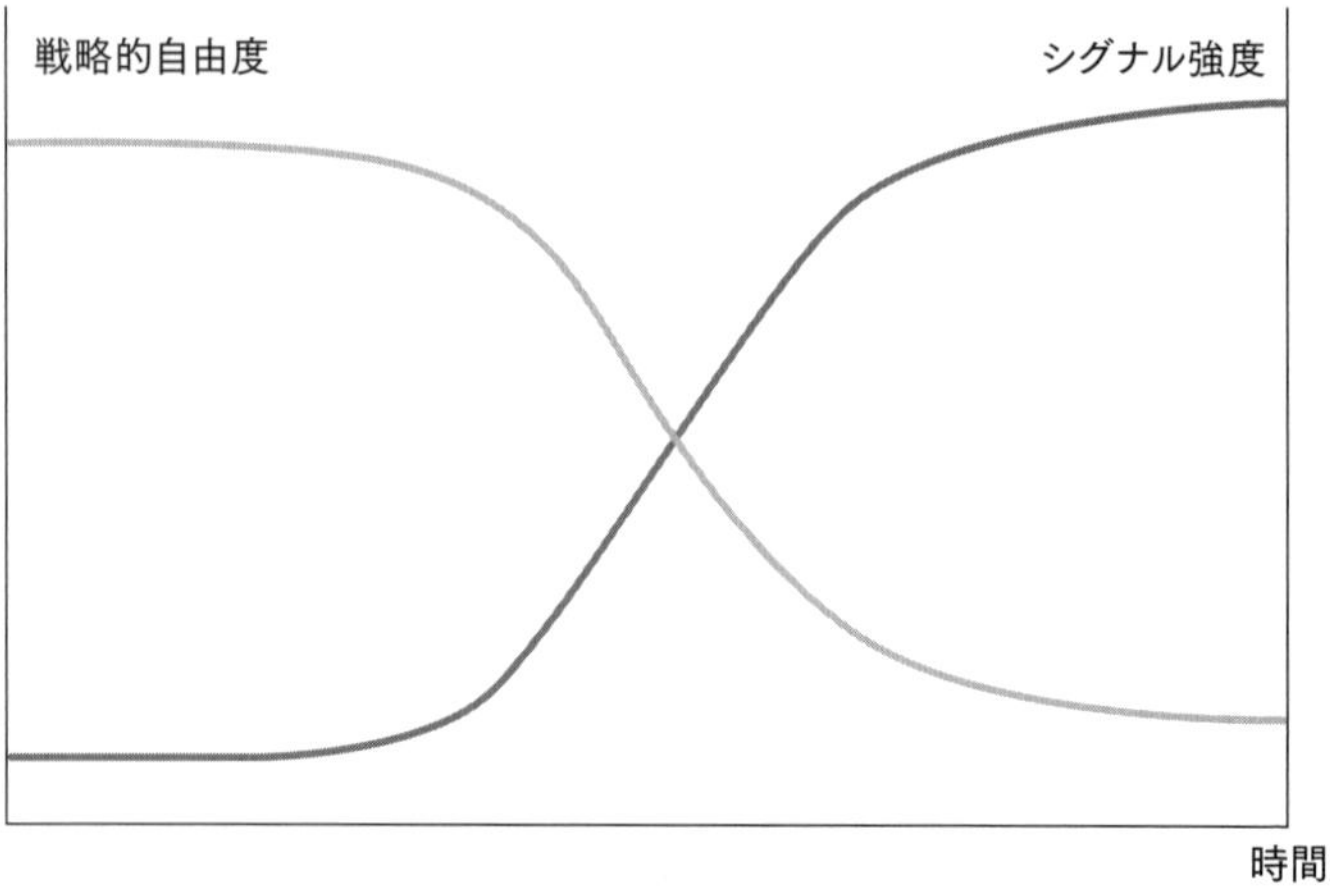

図②　戦略的自由度とシグナル強度の反比例関係

その後、人々はデジタル技術があらゆる種類の（デジタル処理で売買できる）商品消費に大きな影響を及ぼすだろうと容易に予測できるようになる。図①の「ゼロ時間（ごく近い将来）」と表示された期間には、書籍や音楽などさまざまなプロダクトのデジタル化が主流となっているだろう。

戦略家にとってのジレンマは、ゼロ時間つまり現時点で入手可能な、具体的ではっきりした情報をもとに決断を下したいと思いながらも、それでは手遅れになることだ。そのころにはもう、転換は誰の目にも明らかであり、いち早く対応するチャンスはなくなっている。これについては、上の図②を参照するといい。

この図が示すとおり、戦略的自由度とシ

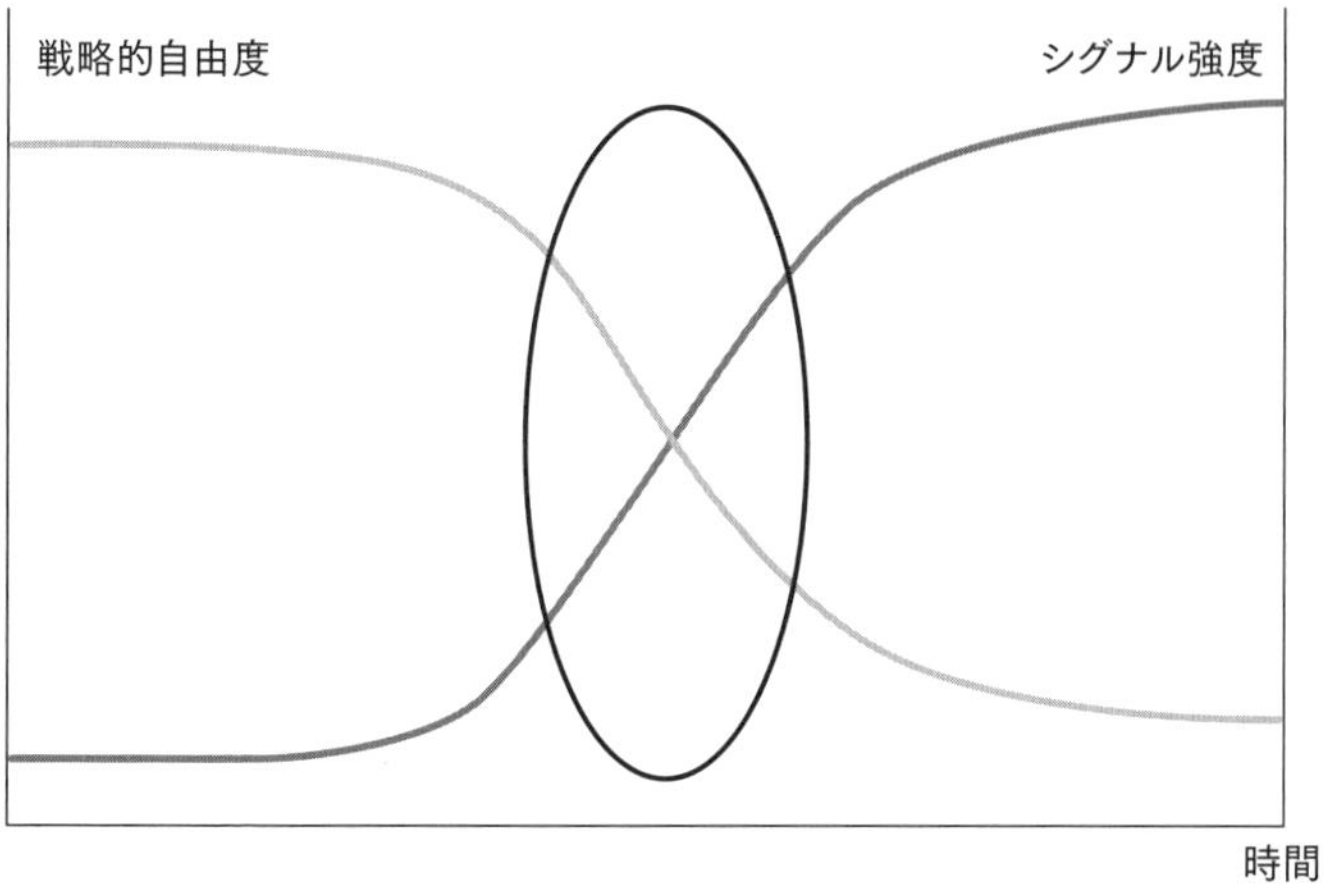

図③　オプティマム・ウォーニングの期間

グナル強度との間には反比例の関係がある。人生と同じように、もっとも確実な情報をあなたが十分に手に入れたときには、多くの場合、その情報によってもたらされるストーリーを変えるのは、非常に難しくなっている。

これによって言えることは、「早期警報を探知する情報システムをつくる」という極めて重要な概念である。

すでに触れたように、シグナル対ノイズ比が非常に高いとき、あるいは、あまりにも早い時期には、大きな戦略的行動をとるのは得策ではない。また、事実が誰の目にも明らかになるまで待つというのも望ましくない。私たちに必要なのは、ときに「オプティマム・ウォーニング」（optimum warning、最適な警報という意味）と呼ばれるもの（１１９ページの図③に示される、チャートの中央部分）に関わる情報を手に入れる方法なのだ。

「想定外の未来」を拡張する

転換点はビジネスの前提を裏切り、同時に、意思決定者が「事実」として受け止めていた想定をもくつがえす。こうなれば経営陣が異なる世界を想像するのは難しいし、前向きに新しい戦略を打ち立てることができない。

たとえば、アメリカのレストランビジネスにおける変化――テイクアウト・サービスへの移行――を考えてみよう。現在、レストランで購入されたすべての料理の63％余りが、そのレストラン内では食べられていない。これは、多くのレストラン経営者にとって驚きだった。彼らは皆、ただ単に食事を用意するのではなく、客をもてなすためにレストラン業を始めたからだ。

ある店主はこう見ている。「これは、まるっきり違うビジネスだね」。そして、少し悲しげに「食べ物を箱に詰めるために、店を始めたんじゃないんですが」とつけ加えた。

役に立つのは、可能性を（あなたの考えが及ばないところまで）広げていくための手立てである。そこで、一部の組織はシナリオ・プランニングに取りかかっている。

シナリオ・プランニングに用いられる高度な先進技術の資料は数多くあり、また、未来を予測するための効果的なアイデアもいくつかある。しかし私たちの目標は、あくまでも（潜在的に重大な意味をもつ）未来のゼロ時間に起きる出来事を見極めることであって、複雑なシナリオ作成術を習得することではない。

私が提案するのは、未来の可能性を大まかに描ける単純な「２×２のマトリクス」（two-by-two matrices）を使うことだ。これらのマトリクスは、近い将来起きるだろうさまざまな出来事の結果を示せるように多種多様でなければならない。

実行するうえで〝避けるべき〟重要な要素は、次の２つだ。

１　たった１つの事柄が変わるだけで、他のすべては以前と同じ状態だと想像すること

２　直線的な変化という観点だけで考えること

私が気に入っている例の１つは、テレビアニメの傑作『宇宙家族ジェットソン』である。召使いロボットや空飛ぶ自動車が描かれながらも、１９６２年当時の社会に根ざした男女の役割や仕事上の取り決めは何ひとつ変わっていない！

アンディ・グローブが１９９７年に提起した、変化が進行中かどうかの議論は、理にか

なった出発点だ。彼は未来のシナリオを、次の３つの視点から検討することを提案している。

１　主要な競争相手が、今にも変わろうとしている。あなたがもし銀の弾丸を１つだけ持っていたら、それを使って誰を仕留めようとする？

２　主要コンプリメンター（協業者、補完業者、補完的生産者など）が、今にも変わろうとしている。これまでとは異なる協調関係になるだろう。

３　「外で」何が起きているのかを察知するマネジメントの能力が、著しく低下してしまった。

例を挙げよう。２０１７年に私が連携をとっていた古参のエネルギー供給会社にとって、２つの大きな不確定要素は、将来的な需要と供給機能のあり方だった。

まず驚いたのは、ここしばらくの間（さまざまな理由により）世界の大半でエネルギー消費が低成長モードだったということだ。これは、１つの転換点だったのだが、多くの企業――評価の高いゼネラル・エレクトリックでさえ――解釈を誤った。その結果ＧＥは、極端な過剰投資と、電力事業における損失と従業員の解雇、経営トップの退任、そして合衆国随一の優良企業の座からの転落を経験することになった。

さらに、電力セクターが長年使っていた配電モデル――大型発電所と配電線で構成される

	集中型の送電網主体	太陽光と風力も使う分散型ネットワーク
急激に増加する需要	安定経営の見込み：大規模発電や配電設備への投資にメリットあり	スマート送電網の未来：テクノロジーと回線が優勢になる可能性が極めて高い
緩やかに伸びるか、横ばいか、低下する需要	軍配は効率のいいほうに：より小規模で効率的なシステムにメリットあり	崩壊の津波：産業経済について完全に考え直す必要あり

――は、「分散型エネルギー源」（ＤＥＲ）と呼ばれる配電ネットワークへと移行しつつあった。この新たなモデルでは、電力は従来の発電所から送られるだけではなく、風力や太陽光などの再生可能エネルギーからも供給される。

　つまり、一方向のみの従来型アプローチは時代遅れになったのだ。集中型の送電網システムへのもう１つの脅威は、バッテリー技術の向上である。世界中の多くの地域で、送電網というのは費用が高すぎて手が出ないか、盗電などの違法行為が発生しやすいために信頼性のないインフラ設備になっているかのどちらかだ。現在の（太陽光電池による）バッテリー技術をもってしても、地域によっては、１日に何時間か電気を使えればいいほうだという程度である。そうした地域では、送電網はますます望ましくない設備となっている。

　この２つの不確定要素だけを使って、私たちは１２５ページのシナリオを考察した。

	集中型の送電網主体	太陽光と風力も使う分散型ネットワーク
急激に増加する需要	ゼロ時間：電力総生産量の80％が、最高品質の高価な機械設備によって産出される	ゼロ時間：全エネルギー投資の3分の2が、太陽光と風力テクノロジーに向けられる
緩やかに伸びるか、横ばいか、低下する需要	ゼロ時間：電力の50％以上が、より小規模な、または再製品化された設備によって産出される	ゼロ時間：送電網全体の50％が、エネルギーが需要と供給にもとづいて行き来する市場になる

それぞれのシナリオについて、私たちはゼロ時間に関する考察をいくつか試みることにした。ゼロ時間の出来事は、未来に得られる特定の結果を明確に表現したものでなければならない。先述のエネルギー関連企業の例では、ゼロ時間の出来事は上の図のようになった。

考察するメリットがあると思う不確定要素すべてについて、こうした試みをするのは問題ないとしても、あまり多くならないほうが無難だ。おそらく3つから5つあれば、消化するのに十分だろう。

「来たるべき未来」に備える

潜在的な未来を広げるために、さまざまなシナリオをもっておくことが大切だ。

次のステップは、そうした潜在的な未来の出来事に早期警報をいくつか配置してみることだ。おおむね私たちはこう問いかける――「このシナリオが現実となる6カ月前、12カ月前、18カ月前には、どんなことが実際に起きるのだろう?」と。そうして、(そのシナリオの)結果として得られそうな事象をもとに指標をつくり上げていく。

右の図にある「全エネルギー投資の3分の2が太陽光と風力テクノロジーに向けられる」というゼロ時間の出来事を1つのケースとして考えてみよう。

エネルギー投資の2/3が太陽光と風力になった場合

6カ月前には……

◆再生可能エネルギー主体の「スマートグリッド」による最先端ソリューションは、バッテリー価格によって従来のエネルギー供給と同程度にコスト効率の高いものになっている。

◆新たな設備のオーダー・パイプラインは、この出来事に見合う状態となっている。

12カ月前には……

◆資本予算配分は、資源要求が従来のテクノロジーから再生可能テクノロジーへとシフトしたものになる。

◆新たなエネルギー最大備蓄量により、コスト効率の高い再生可能エネルギー備蓄が可能になり、それに伴って、(需要が高まったときのみ稼動する)従来の「ピーカー発電所」の必要性はなくなる。

◆再生可能エネルギーによる発電コストが既存の発電コストと同等か、それより安価になる。つまり、いわゆる「グリッドパリティ」に到達する。

◆DERに関して、誰が利して、誰が費用を負担すべきかを明らかにする法整備が始まる。

18カ月前には……

◆政府のエネルギー基本計画の移行が明らかになる——従来型の供給から、再生可能エネルギー供給の新たな市場へ。

◆再生可能エネルギーを優遇する、インセンティブの変更がおこなわれる。具体的には、投資や生産促進のための税控除など。

◆多くの新参者(スタートアップも既存企業も含めて)がこの領域に参入する。

◆石炭のような非再生可能エネルギー資源の消費量が明らかに落ち込む。

現在は……

◆太陽光と風力への投資が増加するとの予測がある。さらに数年以内に全エネルギー投資の3分の2が再生可能エネルギー資源に向けられる見通しがある。

◆急激な電力需要の増加が予測される。

◆効率性も急激に伸びるとの予測がある。そのため投資額を増やすことなく需要を満たすことができる。

◆ＤＥＲから利するのは誰か、その費用を出すのは誰かという法的な問題をめぐる大論争が巻き起こる。

指標がひと揃い完成したら、次にとるべきアクションは２つある。

１つは、ゼロ時間の出来事をあつかう担当者を１人決めて、情報を得る可能性のある者たち全員に知らせることだ。というのは、転換に直面した企業において、組織内のどこかに「気づき」がありながら、誰ひとりその意味を理解するための全体像を描けなかったということがあったからだ。

未来に起きるであろう出来事から目を離さない人物を１人正式に設けることによって、組織内のどのような「気づき」にも行き場ができ、それらが総合的に検討される可能性が高まる。このとき、役員室には座っていない人々からのフィードバックを取り入れることも忘れてはならない。情報と洞察は、末端部から引き出すほうがいい。

もう１つのアクションは、マネジメント会議の一定時間を割いて、これらの早期警報に関するチームの知識を鮮明にすることだ。

指標は、定期的に追跡・更新されなければならない。そうした定期的な見直しの場で、あなたはシナリオとゼロ時間の出来事を（新情報を取り入れながら）調整することもできる。

このアクションのもう1つの利点は、学びの記録を残せることだ。この記録によって、人々はなぜ特定の決断がそのときに下されたのかを思い出すことができる。これは後々、諸々の想定を検証するうえで役に立つだろう。

これらの会議で重要なのは、（組織に深く根づいた）正統派にとって相容れないデータも、その共通認識をサポートする情報とともに提出することだ。さもないと、努力は時間の無駄になる。関係者たちはその後も、現在の想定にもとづく経営を続けてしまうからである。

学校はもう終わり……なのか

もう1つ、デジタル革命によって何らかの形で破壊される見通しが濃厚なセクターの例を挙げよう。

教育は、今の段階ですでに破綻していると予想されていた。だが、なぜかなかなかにしぶとい。定評のある学校からの「資格証明書」に勝るものはそうそうない。

しかし、もし学位を取らずに証明書を手に入れられたらどうだろう？

音楽業界を考えてみよう。アルバムではなく個々の曲が売れ（または盗まれ）るようになり、結果的にストリーミングサービスとライブ演奏の人気が高まった。そのことが既存の業界に大きな転換点を引き起こした。

これと似たようなことが高等教育でも起きたら、どうなるか想像してみよう――「学位ではなく、個々のスキルのレベルに応じた資格証明が得られたら？」と。

教育破壊に関する予測には歴史がある。まず映画、次にラジオ、テレビ、そしてコンピュータとインターネットによって既存の教育モデルが覆されるだろうと専門家は予想した。映画が教育に取って代わるだろうとまで言う識者もいた。

多くの意思決定者が、インターネットの出現を高等教育モデルにとっての脅威と見なしていた。２０００年には、ファゾム（Fathom）が先陣を切ってオンライン学習プラットフォームを立ち上げるも失敗に終わる。

しかし今では、次々に開設された「大規模公開オンライン講座」（ＭＯＯＣｓ）に何百万もの学習者が参加している。そこには、ユダシティ（Udacity）、コーセラ（Coursera）、エデックス（edX）なども含まれる。それ以上に多くの人々が知識を得ているのが、無料動画サイトのユーチューブからだ。ちなみに、このサイトでは40万人もの視聴者を集める「授業」が配信されるのも珍しくないという。

だが、これほどの人気にもかかわらず、MOOCsとそれに似たオンライン講座は、いまだに（高等教育を破壊するほどの）転換点を引き起こしてはいない。学習者1人ひとりのレベルや関心に合う講座にすることや利益を出すこと、さらには（私にとってもっとも重大なことだが）学習者がどういう資格証明を受け取るべきなのかという難問に手こずっているのだ。

計り知れない数の才能が見過ごされている

大学の学位というのは、伝統的な教育モデルと大規模な破壊との狭間に立つ最後のバリアかもしれない。

理由の1つは「怠惰」だ。学位は便利な近道となっている。未決箱のなかの履歴書の数を減らしたいなら、学士号のような何らかの資格証明を応募要件に加えればいい。一挙に、採用候補者リストは短くなるだろう。実のところ、米国労働統計局によると、新入社員向けの仕事の21％が4年制課程の学位を要するという。

たしかに学位を応募要件にするほうが人事部の仕事は楽だろうが、そうすることで数多くの予期せぬマイナスも生まれ、意図しなかった副次的な作用も現れる。ラテン系の採用候補者のうち実に83％もの人々と、アフリカ系アメリカ人の採用候補者のうち80％もの人々が排除されているという。計り知れないほど多くの才能が見過ごされているのだ。

ハーバード（ビジネススクール）のジョセフ・フラーとマンジャリ・ラマンは、彼らが呼ぶところの「学位インフレ」を具体的な数字として表している。２６００万件に及ぶ求人票の徹底的な分析を通して、両氏が発見したのは……。

学位ギャップ（求人票に明示された大学の学位要件と、その仕事に現在就いている学位取得者との食い違い）がはなはだしいことだ。たとえば２０１５年には、生産管理者の求人のうち67％が大学の学位を求めていたが、その一方で、採用された生産管理者のうちわずか16％しか学位を持っていなかった。われわれの分析によれば、現在、６００万を超える仕事が学位インフレの危険にさらされているようだ。

そのうえ、４年制課程の学位が高い就職に対するバリア（障壁）になると、一種の悪循環が生まれる。学生たちは極めて高額な学資ローンを受けることになり、その返済のために、彼らは通常より高額の収入を得なければならなくなる。つまり、雇用主にとっては高くつく新入社員を迎え入れることになるのだ。

雇用主が給料として支払ってもいいと考える額と、学資ローン返済という経済的負担との兼ね合いから、フラーとラマンの両名が呼ぶところの「中等スキル」を要する仕事に就こうという採用希望者は極めて少なくなっている。部門別管理者、サポート担当者、営業担当者、検査または試験担当者、事務職、秘書、管理補佐などだ。

結果的に、これらの役割を担う従業員を雇い入れるのは難しくなり、会社側はビジネスを成長させるのに必要な人員を得られず、就職希望者の側は中流の生活を始めるチャンスさえ得られない事態となっている。フラーとラマンは、こう指摘する。

「実質的に、雇用主は4年制課程の学位を取得していないアメリカ人の3分の2を、職場の機会から締め出している」

大学の学位がないのは、学生の努力が足りないからではない。『ニューヨーク・タイムズ』紙によると、高校新卒者の44％はすぐに4年制大学に進学するが、そのうちの半分以上は4年以内に学位を取得できないという。しかも、進学費用は年々高くなっている。ある調査によると、１９８５年から２０１１年までの学費増加率は４９８％、消費者物価指数全体の4倍近い数値だ。２０１７年の時点で、アメリカ人の学生ローン負債額は１・３兆ドル、10年前と比べて2・5倍も増えている。

大学か、それとも行き止まりか

資格はあっても学位のない採用候補者と、彼らが従事できる（学位を要件としない）仕事とのマッチングの難しさから、アメリカに住む人々は別の選択肢を探すようになった。その1つが、見習い制度だ。たとえばスイスでは、第9学年を修了した学生の70％が職業訓練コースを選択する――2017年に『ニューヨーク・タイムズ』紙は、こう報じた。「第10学年から始まって、学生たちは雇用主と業界組織と学校との間を3年ないし4年かけて巡回しながら訓練と指導を受ける。これらは実地の学習であり、学生たちには賃金が支払われる。スイスの若者の失業率はヨーロッパでもっとも低く、合衆国の約4分の1だ。対照的に、合衆国の大半の学生には大学か行き止まりかの2択しかない」

スイスでは、いい人生を築くうえで、見習い制度に大学教育と同じくらいの価値があると考えられている。また、大学とは（法律、医療、会計のような）キャリア――純粋に教室での上級レベルの指導を必要とする職業――をもつ人々のためにあると見なされている。

アメリカの教育システムに参加する大多数の学生は、あまりよい待遇を受けていない。多くが後々返済に苦しむ負債をかかえ、一方、雇用主は必要な人材を見つけられないでいる。仕事上の役割を十分に果たせる何百万もの人々に、雇用の機会は閉ざされているのだ。こうした状況はすべて、私たちが学位を他の本当に重要なもの――たとえば、ソフトスキル（交渉・指導・意思疎通などの対人的な能力）、説得力のある文章を書く能力、テクノロジーと交流する能力など――の代わりに使い続けているからである。

このように、あるシステムの構成員の多くがいい待遇を受けられない場合、かならずそのシステムには転換点が根をおろすものだ。

学位以外に、個々の学生の技能や資格をレベル別に認定するための——何らかの方式が現実的な牽引力をもち始めていると私は確信している。

需要は絶対にある。学習するために個人が使える極めて多くのオンライン資源と、他にもツールが存在するのだから、別のスキル認定システムが生み出されるのは時間の問題だ。これまでに、デジタルバッジ（主にＩＴ系の認定資格をオンラインで公開できるしくみ）や（従来の成績証明書を補完する）認定証を使った学生対象の実験が何度も実施されてきた。その一方で、これらの取り組みが遂行される間に、それらが従来の学位に取って代わるかも知れないという見解が疑問視される状況も生まれている。

状況は、刻々と変化している。リンクトイン（LinkedIn）が会員と人材開発のスペシャリストを対象におこなったアンケート調査でも、従来のモデルが軟化していることが示されている。調査対象者の60％は、雇用主が採用方針をスキルベースに移行させていることを確信していた。言い換えれば、「ディグリー（学位）でもペディグリー（家柄）でもなく、個人の技能で採用候補者を選ぶ」ということだ。回答者の57％は、雇用主が従来とは異なる資格証明を重視するようになるだろうと思うと答え、そのうちの１人は、さらに踏み込んで「従来の資格証明は、つまらない」と回答したという。

新たな資格証明を支持するビジネスモデルも出現し始めた。高等教育機関としても名高いピアソン（Pearson）は、従来の学位に代わる資格認定システム構築に特化したビジネスラインを新たに打ち出した。教育機関の多くがこの代替システムの必要性を認め、それぞれのカリキュラムに導入するにつれ、この動きはますます加速している。ピアソン保有のデジタルプラットフォーム「アクレイム」（Acclaim）は数社の企業と提携し、各企業の社員への資格認定サービスを提供している。

また、ディグリード（Degreed）などのスタートアップ企業は、一般の人々のスキルを認定するビジネスを築こうとしている。「チェンジマネジメント」（訳注：組織の変革を効率よく成功に導くマネジメント手法）から、大勢の人前でのスピーチ、ＨＴＭＬコーディングにいたるまで、ディグリードが独自のプロセスで認定する技能は多岐にわたる。このプロセスでは個々のスキルの習熟度まで認定されるという。

２０１６年には、既存の教育モデルへの破壊的な影響力をもつ別のイノベーションがパデュー大学によって導入された。「所得分配契約」（ＩＳＡ）と呼ばれる教育機関と学生の新たな契約モデルだ。この契約を交わすと、大学の授業料が免除されるか、あるいは大幅に減額され、卒業後の給与の一部が返済金として分配される。

こうしたプログラムはある論議を巻き起こしてはいるが、それでも、以前にも増して注目を集めているという事実は、「既存のモデルは利害関係者にとってうまく機能していない」と示唆するシグナルであると見ていいだろう。

総合大学に起こりうること

高等教育機関の現状、とりわけ研究機関を擁する総合大学の状況から私が思い起こすのは、小規模製鋼所の進出によって崩壊した大規模製鋼所だ。もちろん、クレイトン・クリステンセンは、以前からこの問題を論じていたし、著書『教育×破壊的イノベーション〜教育現場を抜本的に変革する』（翔泳社）でも取り上げている。

大規模製鋼所と同様、高等教育機関が経済学的に成立するのは、それに代わる機関が存在しないからだ。アメリカの学生たちは、さまざまな機会をつかむためには大学に進む以外に選択肢はない——ちょうど、鋼鉄を求める顧客が大規模製鋼所から購入するほかなかったようにだ。しかも、学生は専攻コースをまるごと（授業内容に興味があろうとなかろうと受けなければならない必修クラスも含めて）受講しなければならない。

教授たちは社会教育プロセスにおける意欲的なキュレーターとしてではなく、むしろ腕のいい研究者として報酬を受け取っている。そして実は、大学などで教鞭をとることは多くの教授から「面倒なこと」と見なされている。たとえば、ビジネススクールが携わる研究に関して、ジョージタウン大学のマイケル・ハーモンは『ビジネスリサーチと愛国漢詩＝アメリカのビジネススクールにおいて、ステータス競争がいかにリサーチ（研究）とティーチング（講義）の優先性にゆがみを与えているか』という痛快なタイトルの記事を学会誌に発表した。このなかで彼は、ビジネススクールの手がける学術研究を（営利目的で）プロデュースするビジネスに猛烈な批判を浴びせている。

「それは、研究の生産性と、その尊ぶべき社会的、実用的、あるいは知的価値とのつながりを跡形もなく消滅させるものだ」と。さらに近年では、（我が同僚の1人）スティーブ・デニングが、時代遅れの講義を学生向けにおこなっているとしてビジネススクールを厳しく非難したこともある。

あるシステムがその構成員のための結果を生まないとき、普通なら、そのシステムはビジネスとして立ちゆかなくなるものだ。ところが、総合大学というシステムは、（極めて重要な資格証明である）学位に対する全面的な支配力が緩衝材となって、ほとんど経営破綻に追い込まれることはない。

鋼鉄市場の「底辺」でスタートした小規模製鋼所は、基本的に最低品質の鋼鉄を（価格にもっとも敏感な）魅力のない顧客層のために製造していたが、それと同じように、新たな資格認定モデルも教育市場の「底辺」でスタートしている。

具体的には、新人向けブートキャンプ、オンライン学習プログラム、短期集中トレーニングなどだ。しかしながら、小規模製鋼所の場合と同じく、これら（資格認定モデル）のクオリティも到達領域もアクセスも向上の一途をたどるだろうと私たちは予想している。そして、その既存の教育機関に与える影響も時とともに大きくなっていくだろう。

この変化がさらに多くの総合大学に影響を与え始めると、どうなるだろう。

１つは、教授陣配置やインセンティブの研究ベース・モデルが縮小し、いわゆる「セレブリティ・モデル」へと移行することだ。学校ではすでに、講師などの補佐的な教員が多くの授業を担当するようになっている。その結果、今後は（学生に）人気のある講師のほうが学術研究に重点を置いている教員より需要が増えることになるだろう。

もう１つは、クリステンセンも予想したように、大学の「ブランド」は個々のスーパースター教授の「ブランド」よりも重視されなくなるということだ。つまり、ハーバードやロンドン・ビジネススクールで取得した学位をもっているより、クリステンセンによる破壊理論の講義やリンダ・グラットンによる組織行動論の講義を修了したという証明書をもっているほうが何かと有利になる日がくるということだ。

同様に、教育機関のランキングや認証評価も、個々のコースモジュールやプログラムのレベルまで細分化されるだろう。したがって報道記者や教育関係者は、「ベスト・ビジネススクール」といった総合ランキングではなく、むしろ学習プログラム単位のランクづけを開始するかもしれない。

ちなみに、すでにこの新方式を取り入れているのが、「Thinkers 50」の経営思想家ランキング（隔年発表）である。これは未来のビジネスと経営哲学に大きなインパクトを与える経営思想家を選出してランクづけし、特定のカテゴリーにおける目覚ましい業績を表彰するものだ。明らかに、「Thinkers 50」が敬意を払っているのは個人であって、その出身大学ではない。

こうした高等教育の資格認定に関する現段階の状況をおおまかに知っていると、本書の主要なテーマのいくつかを理解するうえでの手がかりになるだろう。

そのテーマの1つ目は、迫りくる転換点が（多くの場合）インパクトをもつのに長い時間がかかること。

2つ目は、観察者たちがたびたび大変動を予測する一方で、現状を根本的に破壊するエコシステムが完成されるまでには一定の期間を要すること。

そして3つ目は、あまりにも早く動き出すと悲惨な結末になる場合が多いということ。

これはつまり、不運なファゾムの二の舞になりたくなければ、どれほど魅力的に見えても決断を急いではいけないということだ。

これから先も「変わらないもの」

頭が麻痺するほどのペースで周囲が変化するなか、戦略の1つとして「何が変わりそうにないか」を見極めるのは大切なことだ。

少し高等教育の話に戻ると、総合大学のシステムが消滅するというのは極めて可能性の低いことであり、また、個人的には起こってほしくないことでもある。一般教養課程やいわゆる「成人」体験には、まだ果たすべき役割があり、大学はそこで学んだ人々にとって心のよりどころにもなっているからだ。

他方、もっと可能性が高いのは、学位に代わるもので、なおかつ信頼に足るものが現れることだろう。それも最初のうちは、プログラミングのような計測しやすい技能に限られるかもしれないが、やがてもっと高度で創造的なコミュニケーション・スキルも認定対象になるだろう。

楽観主義の私は、これがきっかけとなってさまざまな人たちに機会が開放されるようになるだろうと思っている――力を発揮したいとは思っているが、4年間も学究活動に専念するのは困難、または、そもそもそれを望まない人たちにとって。

アマゾンのジェフ・ベゾスの言葉を引用すると――「今から10年後に、１人の顧客が私のところにやってきて、『ジェフ、僕はアマゾンが大好きだ。ただ、値段がもう少し高いといいのだが』とか『ジェフ、私はアマゾンが気に入ってる。ただ、もう少しゆっくり配送してくれたらいいのに』と言うとはとうてい思えない」

要するに、長い目で見て正しいと思えることがあれば、それを維持するために全力を傾けて努力できるということだ。

この考え方には本書の先の方でまた立ち返るつもりだが、簡単に予告しておくと、これから先も変わらないものは、私たちが呼ぶところの顧客の「ジョブ」だということである。別の言葉を使うなら、人間にとっての必要と好みは著しく安定していて、その必要を満たすためのテクノロジーが変化しても（必要と好みは）変わらないと言える。

発煙信号から手書きの手紙、ポニー・エクスプレス（訳注：１８６０年に始まった、アメリカ東海岸から西海岸までの馬を使った郵便配達）、電報、固定電話、そして今日のスマートフォンまで、情報の長距離伝達という「ジョブ」はほとんど変わっていない。

これは強力なヒントになるかもしれない。転換点を難なくくぐり抜け、その先の出口からさらにパワーアップした状態で出てくるために。

この章のキーポイント

転換点は、ビジネスが拠って立つ基本的な前提を「10X変化」が覆したときに発生する。前提は当たり前のものと受け止められているため、現状のなかで仕事をしている幹部役員にとって変化の意味するものを見抜くことは容易ではない。

転換点の早い段階では、その潜在的なインパクトを知るのは難しい。可能な解決策が、いずれも常に不完全だからだ。そもそも、この時期の変化は現行システムの一部にしか影響を与えない。こうした段階で巨額の投資をするのは大きな間違いである。

どのようなビジネスにも3種類の指標がある。

遅行指標は、何がすでに起きたかを示すもので、この指標は変えられない。現行指標は、何が起きているのかを示し、現在の経営状況に対する捉え方にもとづくものだ（そのため、盲点が生まれる）。先行指標は、迫り来る転換点を察知するためにもっとも重要だが、同時に、もっとも解釈の困難な指標でもある。この指標は、定性的であり突発的である場合が多い。

相手にすべき情報のクオリティは、ストーリーの流れを変えようとするあなたの能力に反比例している。つまり、情報のクオリティが高まれば高まるほど、あなたは流れを変えられなくなるということだ。あなたが揺るぎない自信をもって意思決定できるようになるには、（未来に起きるかも知れない重要なことを表す）ゼロ時間の出来事をつくり出す必要がある——そこから時間を遡って、この種の出来事を予測できるシグナルを見つけるために。キーとなる不確定要素を同列に並べるだけで、あなたも非常に異なるゼロ時間の出来事をはっきりと表現することができるだろう。そうした出来事について、経営陣から多くの質問を浴びる可能性もある。

　この課題に取り組む時間を捻出《ねんしゅつ》するのは必要不可欠であるのに、見過ごされがちでもある。これが要因となって生じ得るのが戦略的な盲点だ。

3

変化がもたらす「弱いシグナル」をとらえる

企業の成長がストール（失速）するのは、
経営者が長年にわたって信じてきた、
あるいは心の底から信じている前提に
もはや正当性がないからだ。
基本的に、彼らの知っていることは
もはや真実ではない。

マシュー・オルソン、デレク・バン・ビーバー、セス・ベリー本章の冒頭の言葉は、企業分析の専門家であるオルソン、バン・ビーバー、ベリーの３人が「成長ストール」と呼ぶようになったマイナスの転換点を調査するなかで彼ら自身が発したフレーズだ。かつての有力企業が突然財政難に陥った最大の理由を指摘したものだ。別の言い方をすれば、経営陣の立てた戦略のもととなっていた前提を、環境における何かがくつがえしたにもかかわらず、いまだに組織はそれに対応していないということになる。

会社の危機を予見する「14のサイン」

かつて組織を成功に導いたさまざまな要因と、その組織を取り巻く現在の環境とのずれがしだいに大きくなったため、やがて急激な経営不振に陥ることがある――組織の崩壊にまでいたらないとしても。オルソン、バン・ビーバー、ベリーらは、そうした売り上げの落ち込みが徐々に起きるものではないことを突き止めた。

前著『競争優位の終焉』のなかで、私はいくつかの早期警報サイン――優位性が消滅しつつあることを示すサイン――を列挙した。これらのうち、あなたの会社の上層部はいくつ認識しているだろうか？

◆私は自社の製品やサービスを購入しない。

◆我が社は他社と同じかそれ以上の投資をしているのに、利益も成長も不十分だ。
◆顧客は、より安くてシンプルな「そこそこの」ソリューションを見つけている。
◆予想もしなかったところからライバルが現れている。
◆顧客は、もはや我が社が提供するものにワクワクしなくなっている。
◆我が社は、こちらが雇いたいと思う人材からもっとも働きたい会社と見なされていない。
◆我が社で最高の人材が何名か退職した。
◆我が社の株価は、いつまでたっても割安だ。
◆技術系社員（科学者やエンジニアなど）が、新技術によって我が社の事業が変わると予測している。
◆我々はヘッドハンターのターゲットになっていない。
◆成長軌道が、鈍化したり反転したりしている。
◆過去2年間に、市場に投入できたイノベーションがほとんどない。
◆会社が福利厚生を削減したり、リスクを従業員に転嫁したりするようになっている。
◆経営陣は、今後入ってくるかもしれない悪い知らせの重要性を否定している。

ようやく私たちの話題は、組織によってその特性を出すために連結して配されたさまざまな機能にまで到達した。これらの機能は、「バリューチェーン」（価値連結）のような従来の

	基本——特性は全プレイヤーに当然視されている	際立たせる——特性はいくつかのソリューションのなかで際立つ	活性化する——特性によって強烈な感情の変化をもたらす
ステークホルダーが肯定的な見方をする	交渉の余地なし——すべての提供者からそれを得られると期待している（ホテルの部屋の清潔なベッド）	差別化——提供者による違いがわかる（マリオットとは対照的に、Wホテルで流れる音楽はカッコいい）	興奮させる——極めて好意的な反応をする（ビジネス旅行者向けのホテル「コートヤード・バイ・マリオット」のオリジナル様式）
ステークホルダーが否定的な見方をする	耐えられる——利益を得るために、我慢する（価格）	不満を与える——（できれば）それ抜きですませたい。さらに、プレイヤー間に差異がある（時間のかかるチェックアウト手続き）	憤慨させる——もう二度と取り引きしたくないと思う（無料Wi-Fiがない）
ステークホルダーは中立的な立場をとる	中立的——全員が気にするとはかぎらない（室内のテレビ）	パラレル——実際に受けたサービス以外のことに何らかの特性を見出すかもしれない（ポイントカードのプログラム）	存在しない

考え方からとらえることもできるだろう。つまり、「価値のあるプロダクトやサービスを市場に出すためにおこなう、ひとまとまりの事業活動」である。異なるバリューチェーンは、非常に異なる特性を生み出すことができる。そして従来の戦略上のアイデアの多くが、こうしたことの理解から導き出されている（右図を参照）。

これらの要素を１つひとつ検討する目的は、ビジネスに重要な影響をもたらすかもしれないさまざまな可能性に、あなた自身の目を向けさせることにある――今はまだ視界から外れたところにあるとしても。さらに、独自の戦略を考えるときには「デザイン思考」に関する手引書を紐解くことも勧める。

その手法について、ティム・ブラウンとロジャー・マーティンは、共同で執筆した『Design for Action』（「行動のためのデザイン」という意味）という記事のなかで、実に素晴らしい解説を提供している。とりわけ、既存の戦略に別の戦略を追加するのではなく、初めから多元的な可能性をもつ戦略をいくつも提案して意識的に論じ合うという彼らのアイデアは秀逸である。

このプロセスは、戦略開発プロセスと連動してくり返し使われるべきものだ。転換点を引き起こす可能性のある変化は、次のように表すことができるだろう（１５０ページの図参照）。

① 争われている資源プールを変えることができる。

何が転換点を引き起こすか

	現在の前提	潜在的なシフト（移行）	将来的な可能性
資源プール			
競争相手			
ステークホルダーと彼らの完了すべきもっとも重要なジョブ			
これらのジョブを遂行する消費チェーン			
ステークホルダーが体験する特性			
組織的な機能と資産			

②その資源プールの一部をつかもうとしている人たちを変えることができる。

③競争が起きている状況を変えることができる。

④1つのジョブに、1人の行為者の考慮集合（訳注：購買検討の対象となる製品の集合のこと）から別のジョブを引き出させたり、そのジョブを完了するための資源を減らしたりすることができる。

⑤消費経験に重大な変化を与えることができる。

⑥特性の一部を、他より価値の高いものに、または、低

いものにすることができる。

⑦ 関連のあるバリューチェーンに組み込まれたそれぞれの機能を変えることができる。

⑧ 当該アリーナのあらゆる要素を変えることができる。

常識が次々とくつがえるアパレル業界

異常なまでに他者とつながろうとする「ハイパー・ソーシャル」（過度に社交的）なこの時代に、ティーンエイジャーたちはデジタル世界で互いにつながり合うことに熱心なあまり、それ以外の活動に夢中になることはないようだ。

実のところ、心理学者や観察者、それにマーケティング担当者は、このデジタル機器に没頭する姿を「依存症」の表れと見ている。

アメリカのティーンエイジャーに服を売っている企業の争点となる資源プールは、彼らの自由裁量による家計出費だ。一般的に状況を左右するのは、家計予算（ティーンエイジャーとその両親を合わせたもの）に責任をもつ人たち、つまり（一定期間にわたって）何にお金を遣うかを決める人たちである。

ここでの完了すべきジョブは、ショッピングモールに足を運んだり、ウェブサイトにアクセスしたりする気にさせるものなら何でもいい。「仕事や遊びに着て行く洋服が必要」でもいいし、「洋服ダンスの中身を一新することが必要」でも、「特別なシーンでの装いが必要」でも構わない。これらの必要性に対処すべく組み立てられる消費チェーンは、オンラインとオフライン両方の商店――消費者に、さまざまなセッティングに合わせて洋服を供給するアパレル業者――で構成される。ステークホルダーたちにとってもっとも気がかりな特性は、顧客の全体験というよりむしろ、デザインやトレンドなど、製品そのものと関係がある。

また、この市場に参入するのに不可欠な機能は、あらゆる種類の小売業者によって数十年間にわたってすでに整えられているものばかりだ――多くの場合、（デザイン改良や店舗への商品出荷に要する期間といった）従来の制約に沿う形で。

これまでのところは順調。ところが、ここで巻き起こったのが２００７年の携帯電話革命である。ｉＰｈｏｎｅの導入とアンドロイドの商業化とともに起きたこの革命により、家計予算の責任者が完了すべきジョブの序列が劇的に変わることとなる。このときすでに、ソーシャルメディアは確立され、誰かとつながっていたい欲求は若者の間で動かしがたいものになっていた。その欲求をさらにかき立てるテクノロジーが登場したのだ。

こうして、他者とつながり続けるというジョブが、洋服を買うというジョブに（ある程度まで）取って代わった。もちろん衣類がもう購入されなくなったわけではないが、完了すべき種々のジョブを１つの階層組織のなかで考えれば、つながりを保つというジョブの重要度は以前よりはるかに高まったと言えるだろう。

結果として、アパレルの購入にあてられるはずだった資源の行き先は変わってしまった。それはつまり、完全に異なる消費チェーンが、買い手にとって以前よりも重要になったということだ。その後、彼らの獲得したい特性も変わったため、結局のところ、従来の商品を提供するために整えられていた機能までも現状にふさわしくないものになっている。この転換点はアリーナ全体に波及効果をもたらしているのだ。

「何か新しいものはないの？」

こうして後から振り返るのは何の造作もないことだ。大事な問題は、この転換点の到来をどうすれば予測できたのかということだろう。

すでに述べたとおり、アリーナというのは常に転換が起きる寸前の状態にあるものだ。ひとたび転換が起きれば、それが既存のビジネスの主要な評価基準の１つを移行させたり、あるいは、まったく異なる評価基準を伴う新たなカテゴリーをつくり出したりする。

アメリカのティーンエイジャーの場合を考えてみよう。２００７年、すなわちｉＰｈｏｎｅが導入された年に、市場調査員はこの年齢の若者たち自身に合計約８００億ドルもの購買力があることを知った。さらに判明したのは、その若者らの父母が他の（食品、娯楽、衣類、パーソナルケア用品などの）アイテムに１１００億ドルもの資金を注ぎ込んでいるということだ。もしこれが自社の依拠する重大な資源ならば、その出費がどこに移行する見込みがあるのかを理解したくなることだろう。

この年齢層の顧客に関して小売業者が伝統的にこだわり続けた主要な評価基準の１つに、極めて重要だった「新学期」シーズンがある――ある観察者が、こう語ったように。「既存の店舗が拠って立つビジネスモデルに、今後も小売業は大きく依拠することになるだろうが、そうした従来のビジネスモデルは（「新学期」のような）特定の時季に増益が見込めることを前提にしたものだ」

また、小売業者の多くは「毎平方フィート当たりの売り上げ」や「時間毎の同店舗売り上げ比較」といった従来の評価基準にもとづく想定を組み立てていた。そして、このような基準に固執していた小売業者が、インターネットから出現しつつあった脅威に気づくはずもなかった。

もし彼らが注意を払っていたら、何かしらのヒントを得ていたかもしれない。

２００７年当時、研究者たちはすでにインターネットについて、そしてもっと端的に言えば、ソーシャルメディアについて意見を発信し始めていた――それらが10代の若者の時間の過ごし方を劇的に変えている、と。その年齢層がこれまで友情を長続きさせるためにとっていた行動（家の電話で話をしたり、どこかで一緒にぶらぶらしたりするなど）がソーシャルウェブサイトやインターネット中心に変わり始めていることを研究者たちは突き止めていたのだ。当時の『ワシントン・ポスト』紙の記事によると、10代の青年たちが従来型の実店舗でまだショッピングしていたときでさえ、携帯電話が——友だちと連絡をとったり、買った商品への承認を得るために——頻繁に使われていたという。その記事に登場する10代の少女は、洋服のおかげで自分の存在を周囲の人たちに認めてもらえると語っている。

「私がどういう人間なのかを、ほんの少しでいいからまわりの人たちにわかってもらいたいの。そして、そのことに誇りも感じている」

不気味なまでに、そのころの彼女にとって服装の果たすべきジョブは、今や簡単にテクノロジーに取って代わられているのだ。

10代の若者と彼らのファッションや購入体験との関係性の劇的な変化を示していた微かなシグナルは、２０１４年には、弱いものではなくなっていた。実のところ『ウォール・ストリート・ジャーナル』誌が分析結果を発表したときには、すでに（このアリーナに）大きな転換が訪れていたのは明白だった。さらに、『ニューヨーク・タイムズ』紙に２０１４年に掲載された記事『プレッピー（名門私立校風の服装）より、もっと今とつながるほうが大切』には、若年層向けのどの小売業者をも恐怖に陥れかねない（若者たちの）態度が報じられている。

「洋服は、私にとってそんなに重要なことじゃない」とオリビア・ダミーコ（ニューヨーク出身、16歳）は言った。彼女が姉妹と友人と一緒にホリスターで買い物をしていたときのことだ。「ほとんどブランド品は買わない。たまたま今日はドクターマーチンのフェイクブーツを買ったけど、本当にそういうものにこだわっていないから」

おそらく彼女はテクノロジーにもっとお金をつかうのだろう。なぜなら、誰かと「つながっている」のが好きだとも言っていたからだ。

ある（フラストレーション気味の）小売アナリストは、最新のファッションの動向について10代の若者を相手に何とか会話をしようとした体験を、このように説明した。

「こっちは、次にどんなのが流行するかを話してくれるように仕向けるんだけどね。どんな服を買うと気分が盛り上がるのか、とか。でもいつだって会話は新しいｉＰｈｏｎｅがどうのこうのってことに戻ってしまうんだ。クロップトップのことを話題にしたらわりと乗ってきたり、ハイウェストのことにもちょっと反応が返ってきたよ。だけどやっぱり会話は元に戻っちゃうんだ」

10代の青年たちの出費パターンを理解しようとする研究者たちにとって驚きだったのは、またしても洋服と比べて、食べ物に遣う金額が高くなっていることだった。ただし、食べ物は単に（たとえば、マクドナルドのような店で）買われるだけ、ということが判明している。彼らの目的は、店内の無料Ｗｉ－Ｆｉに（またしても、スマートフォンで）アクセスすることなのだ。

おそらく、10代の若者相手の小売店の売り上げという観点からもっとも重要なポイントは、そうしたコミュニケーションが実際にどういうものなのかということだろう。現在わかっているのは、インスタグラム、ツイッターなどのプラットフォームが、この若者たちの写真の投稿先だということだ。そうして次から次に撮った写真に、毎度同じ服を着た自分が写っていたらどうなのだろう？　かなりカッコ悪いことに違いない。

この傾向は、ファッションウィークや従来のファッションショーなどのイベントにまで影響を与えている。ランウェイを歩くモデルたちの装いが世界中の視聴者に向けて配信されるなか、同じデザインの服が店頭に並ぶころには、もう買い手の側は「古くさい」と感じるようになる。実は、この現象には「プロダクト・ファティーグ」という名前までついている。それがどういう感覚のものかというと……。

ケン・ダウニングは、ニーマン・マーカスのファッションディレクターを務める人物だ。先頃、彼はある得意客に新着の刺繍入りジャケットを見せていたという。まさに配達用バンから出したばかりの、価格１万１０００ドルの品だった。ところが、その女性客は鼻にしわを寄せて「でも、何か新しいのはないの?」と聞いた。「これはおととい届いたばかりです」と彼は答えた。しかし実は、ネット上には昨年の10月から出ていたのだった。

では、これらの相関関係がティーンズ向けの商品を扱う小売業者の(主要な)評価基準に与えるインパクトについて理解を深めよう。

まず、私たちにはますます成熟したeビジネスのエコシステムがあり、そのエコシステムにおいて、顧客は欲しいものを何でもオンラインと電話の両方で買えることを期待している。また、彼らは——オンラインでもリアル店舗に出向いてでも——ブランドとの同一の体験ができることも期待している。そして私たちには、顧客の大半が利用できるほど広く普及したデバイスもある。

さらに、ソーシャルメディアの台頭に伴い、オンライン上の存在感の強化が以前にも増して重要視されているため、くり返し同じ服を着るのは(以前より)疎ましく思われるようになっている。要するに、転換点は従来の小売業者にとって非常に悪い知らせのように見えるということだ。

転換点を切り抜け、多大な利益を手にした人たち

あらゆる転換点に共通して言えることだが、この10代の若者向けアパレル業における転換をうまく切り抜けた人たちもまた、多大な利益を享受することができた。ザラ（Zara）とその他の親会社、インディテックス（Inditex）は、事実上、ファストファッションを発明した企業だ。そのビジネスモデルにより、衣服小売業における従来の前提に対する大きな疑問が呈されている。ザラは季節毎の洋服をデザインする代わりに、デザインの創作と流通を、切れ目なく進行する（顧客からのインプットを活かした）プロセスへと変えている。

また、インディテックスは多額の広告費を使わず、むしろ不動産に大量の資金を投入している。はるかに高価なデザイナーズブランドと同じ街区に自社の用地を獲得するためだ。さらに、ザラは高くつくデザイナーを雇わず、実質的には他社のデザインを丁寧にコピーしては、顧客との強い結びつきを利用したデザイン改良をおこなっている。

早くも２０１５年には、アナリストたちは、ファストファッションの提供企業が——従来型アパレル業の低迷とは対照的に——急激な成長を遂げていることに注目し始めていた。伝統的な購買シーズンは消滅し、慣例による予測と在庫管理が覆され、そして顧客が多種多様な商品を購入するオムニチャネル（訳注：実店舗や通販サイトなど、あらゆる販路を連携させ、顧客が最適な方法で商品を購入できるようにする流通形態）の消費者になるにつれて、インディテックス、H&M、Forever21のようなアパレルメーカー各社は繁栄の一途をたどった。これに関連する事例として、靴を中心とするアパレル通販小売店、ザッポス（Zappos）についても触れよう。この企業は、今世紀の最初の10年間を通して目覚ましい成長を遂げ、売り上げは10億ドルに達し、２００９年、アマゾンに12億ドルで売却された。ちなみに、２０１７年の第１と第２四半期の期間だけで、アマゾンでの靴の売り上げ伸び率は２０１６年の合衆国全体のそれを上回っている。

顧客１人当たりから何ドル獲得できるかなど、新たな主要評価基準が、この一変した環境のなかでは重要視されることになるだろう。

もう１つ別の展開として、ザラさえも、一瞬ひるむほどの勢いで伸びているスタートアップ企業も登場している。オンライン通販サイトのASOS、ブーフー（Boohoo）、ミスガイディッド（Missguided）などだ。これらの企業は、ファストファッションのスピードをさらに加速している。ソーシャルメディアを通じて顧客とつながり、新たな流行を素早くキャッチしては、地元メーカーへの外注によって数日あるいは数時間以内に新商品を具体化しているのだ。

エネルギー大手企業に見る傾向

アリーナにもとづく分析は、「ノンコンシューマー型」ビジネスにも当てはめることができる。

スタトイル（Statoil）は、ノルウェー政府が大半の経営権をもつ石油・ガス企業だ。この企業は、エネルギーアリーナにおける存在感を維持しながらも、大がかりな組織変革に取り組んでいるという。同社が乗り越えつつある転換点には、（化石燃料に頼らず、より環境に優しいエネルギー源を開発する）「低炭素社会」という未来への動向も含まれる。社名までエクイノール（Equinor）と改称するなど、その変革は実に抜本的なものであり、これまで負担となっていた「石油」指定も完全に取り下げたほどだ。

あるニュース記事では、「その石油・ガス企業は、社名変更は昨年下した決定に続く自然なステップだと言っている。当社は、《ブロードエネルギー》企業になると決め、２０３０年までに年間資本支出のうち最大で15～20％を《新エネルギー・ソリューション》に投資するとしている。なお、投資のほとんどは洋上風力発電に向けられるという」と報じられた。

同記事によると、スタトイル（当時）は２０１３年にノルウェーの学生たちの間で「もっとも働きたい職場」のトップにランクづけされたという。ノルウェーのエビデンテ（Evidente）という会社が、ウェブサイトKarri ereStart.noを使って調査した結果とのことだ。しかし２０１８年には、すでにランクを15位まで落としている。これは、若者の間に広がる同社への不安を物語るものと見ていいだろう。

この章のキーポイント

あなたのビジネスの前提をもっと新鮮なものに変えられないか、よく考えてみよう。優位性の低下傾向を示す兆候を１つひとつ見直そう。

現在、どの資源プール（一般的には売り上げ）に自社のビジネスが依拠しているか。他にどういうプレイヤーたちが、それと同じ資源をつかもうとする可能性があるだろうか？

顧客が完了しようとする主要なジョブで、出費にまつわる決断に影響するものは何だろう？

あなたの顧客が１つのジョブを完了するために通過する消費チェーンは何だろう？　それは、自社の製品やサービスへの出費と関わりがあるだろうか？　その消費チェーンが断ち切れる箇所がどこかにあるだろうか？

あなたとともにビジネスをするとしたら、顧客はどういう点を肯定的に見るだろうか（つまり、もっと購入しよう、あるいは、ファンでいたいとする要因は何なのか）？　逆に、どういう点を否定的に見るだろうか？

最後に、これらを配置した状況設定は、特定の環境変化や新たな可能性にどういう影響を及ぼすだろうか？　さし当たり準備に着手する必要のある事柄はあるだろうか？

4
顧客は我慢してくれない

ワイオミングの観光牧場で
10人の投資家たちと会っていると、
ふと頭をよぎるんだ。
ひょっとすると、
僕はいつか毒を盛られるんじゃないかってね。
いや、投資家たちを責める気はいっさいないよ。

リード・ヘイスティングス（ネットフリックスCEO）、2011年ネットフリックスの創設者、リード・ヘイスティングスは、かつて映画『アポロ13』のビデオカセットを地元の《ブロックバスター》レンタルビデオ店に期日内に返却しそこねたことがある。そのとき課された法外な延滞料に、彼は憤慨した。そして、家庭で映画をもっと楽しめる方法はないかと探求し始めた。

ネットフリックスの誕生にまつわる物語だ。真偽はどうあれ、ネットフリックスという企業にビジネスチャンスをもたらした転換点は、ＤＶＤの商品化だった。ＤＶＤはデジタル化されているうえに、メーカーにとってビデオカセットよりも低コストの製品だ。そのため、映画スタジオ各社は（レンタル用ではなく）小売用商品としてＤＶＤを販売することとなった。

ビデオカセットは重くて大きかった。ＤＶＤは封筒に入れて郵送出来るほど軽量だ。これが、ヘイスティングスとその共同創設者であるマーク・ランドルフが導き出したコンセプトの裏づけとなる。ある観察者によると、彼らは１９９７年に「別領域のアマゾン」になるという野心をもって起業し、それが結果的に世界中のコンテンツ消費のあり方に変革の火をつけることになったのだという。

ここで注目に値するのは、ヘイスティングスには（迫り来る転換点を見抜いた多くの人たちと同様に）技術的・科学的な素養があったということだ。スタンフォード大学でコンピュータ科学の学位を取得した彼は、１９９１年に自身の最初の企業ピュア・ソフトウェア（Pure Software）を設立したとき、デジタル技術に何ができるか、また、それが今後どこに向かうかを鋭く察知していた。１９９６年8月、ピュア・ソフトウェアはアトリア（Atria）と合併してピュア・アトリア（Pure Atria）になり、１年後には、ラショナル・ソフトウェア（Rational Software）がピュア・アトリアを買収。こうして自由になったヘイスティングスは、ネットフリックス創設へと前進する。

ヘイスティングスは早くからストリーミングモデルの出現を予見していた。彼にとって予想外だったのは、消費者が受け入れるのにどれほどの年月を要するかということだった——彼自身、こう語っている。

「１９９７年の時点で、僕らは２００２年までに売り上げの50％がストリーミングによるものになるだろうと話していた。実際にはゼロだった。２００２年にも、同様に２００７年までに売り上げの50％がストリーミングから出るだろうと踏んだ。やはりゼロだった。……だが、今やストリーミングは爆発的に伸びている。……何年も僕らは待ち続け、そうしてようやく、適切なタイミングで適切なところに僕らは立つことができたんだ」

ストリーミングの夜明け

最終的にデジタル・ストリーミング（またはビデオ・オン・デマンド）という形をとることになるアイデアの起源を辿ると、あの簡素なＶＨＳ（Video Home System）、１９７０年代後半に日本ビクターによって開発・商品化されたプロダクトに行き着く。それが１９７７年に米国に導入されると、ほぼ同時に（フィリップスによって発明された）ビデオカセット技術の将来性はほぼ消失し、やがてコンテンツプロバイダーとその視聴者との主導権争いに火がついた。コンテンツプロバイダーの側は、顧客を――自分たちのやり方で束縛できる――いわば人質として扱いたかったが、視聴者の側はそうした束縛から自由になりたかったのだ。

コンテンツプロバイダーは、特定の映像コンテンツの提供時期を厳しくコントロールすること、その期間中に広告を見せること、さらにコンテンツのコストを管理することまで要求した。一方、視聴者たちは作品を鑑賞できる時期についても、目障りな広告をスキップすることについてもみずから決定権をもちたがった。ちなみに、ソニーの初期モデルのスローガンは「いつでもお好きな作品を」だったという。

テレビ関係者にとっては、おもしろくない状況だ。最終的に合衆国最高裁判所まで行くこととなる（１９９６年の）訴訟事件で、「ＶＨＳ録画装置は、著作権侵害につながるから違法にすべきだ」という彼らの主張は退けられた。結局のところ、最高裁が下した判決は、「プロダクトが相当な合法的使用形態を有しており、そのために販売されるかぎりにおいては、一部の利用者がそれを使う間に法を犯したとしても、そのプロダクトの提供は合法的な行為である」という、今日の基準ではほとんど奇妙に思える内容だった。このときすでに、コンテンツを視聴する時期についてユーザー側に裁量権があるとする考え方が根強くなっていた。

ところが、コンテンツの保管場所としてのカセットテープには多くの難点があった。再生するには、テープを巻き戻さなければならない。特定のスポットまで戻したければ、プレーヤーのカウンターを注視していなければならないのだ。これを解消すべく、発明家たちはもっと便利なフォーマットがないか探り始めた。そうした試みのひとつがレーザーディスク、すなわち、再生するには高価なプレーヤーが必要で、しかも録画機能はない、ビニール製レコードサイズの高価なストレージ媒体だった。これは仰々しくて不完全だった（映画の真ん中あたりでディスクをひっくり返さなければ、最後まで観られなかった！）ことから、アメリカではまったく人気が出なかった。

ブレークスルーはコンテンツのデジタル化とともに訪れた。デジタル技術を駆使したＤＶＤが導入されたのは、１９９７年のことだ。そして、これがヘイスティングスにインスピレーションを与えた。さらに１９９９年、Ｐ２Ｐ通信システムによるファイル共有ネットワーク、ナップスター（Napster）の登場によって、音楽などのデジタルコンテンツ共有の可能性と威力が示された。もちろん、ナップスターは著作権侵害で提訴され、その数年後にサービス停止と倒産に追い込まれたが、それでもこうした機能を支えるテクノロジーの発達と、デジタルコンテンツへのユーザー需要の大きさを証明したのは間違いない。

一方で、ビデオコンテンツを違法に複製する海賊行為が広まるなか、コンテンツ制作者は否応なく古いシステムでの制作活動を断念する傾向も生まれた。結局のところ、ストリーミング・ビデオコンテンツ（言い換えれば、ビデオ・オン・デマンド）が人気メディアとして社会に根付くのは誰から見ても確実だったのだ。

実際、ハーバードビジネススクールが２０００年にネットフリックスについて実施したケーススタディに、（学生が考察する項目として）次の一節が含まれている。

> インターネットの普及にともない、アナリストたちは、ホームビデオがいずれ高速インターネット接続によって直接消費者に配信されるだろうと確信していた。ビデオ・オン・デマンドの最終的な出現が意味したのは、ビデオ小売業者は限られたタイムフレームのなかでこの新たな環境における自分たちの立ち位置を探らなければならないということだ。一般的に、このような変化が起きるだろうと考えられてはいたが、その変化にどれほどの時間がか

かるかまでは一致した見解がなかった。

「ブロックバスター」が犯した失態

転換点の到来に際して早く動きすぎるとどうなるか。その典型的な例が、ブロックバスター（Blockbuster）のたどった道だ。ストリーミングのアイデアを真剣に受け止めたブロックバスターは、2000年、エンロン（そう、あのエンロンだ）と提携して、ビデオ・ストリーミング配信のポテンシャルを探り始める。エンロン・ブロードバンド・サービス（EBS）は、極めて革新的な若い組織だった。ある観察者は、こう述べている。

「EBSは、クラウド・コンピューティング、ネットワークに根づいたサービス、オン・デマンド・アプリといったコンセプトの発案者ではなかった。しかし、1999年にブロックバスターと討議を始めたときにはすでに、EBSはそれらのテクノロジーを顧客向けにどう利用できるかをつかんでいた。今では支配的なこれらのテクノロジーが、他社によって広範に商業利用され始めるずっと前に」

EBSがビデオ・オン・デマンドのプラットフォーム構築に目覚ましい成功を収めながらも、そのベンチャー事業に行き詰まったのは、映画スタジオとの（ビデオコンテンツに関する）交渉が難航したからだ。当時、ストリーミング配信サービスから得られる売り上げの分配方法に関する取り決めはいっさいなかった。ブロックバスターの面々は、ストリーミング配信に特に熱心だったわけではない。スタジオに対するほうが、はるかに大きな影響力をもっていたからだ。また、協定を結ぶためには価格戦略が必要だったが、使用できる映画がことごとく高価だった。そのうえ、当時のブロードバンドの状態では、ダウンロードにかなりの時間がかかり、また、ユーザーは特殊なアダプターを購入しなければ、配信される映画をテレビで観ることができなかった。結局、このベンチャー事業は失敗に終わり、両者は互いに責任を押し付け合い、やがて双方ともに倒産した。——まったく異なる理由からだったが。

最終的にネットフリックスのような企業がそれを実現するのに、その後ほぼ10年を要した。これによって改めて浮き彫りになるのが「徐々に、そして突然に」という転換点の原理である。ジェフ・ベゾスが指摘したように、たいていの場合、重要なトレンドを特定するのはそれほど難しくはない。大変なのは、いつ動くべきかを知ること、そして、行動を起こすと決めたときに組織と足並みを揃えることだ。

しかし私たちがストリーミング戦争に突入する前に、ネットフリックスが（ブロックバスターとは異なるビジネスモデルを駆使することによって）人々の自宅にその強大な地位を確立した経過をざっと見ておこう。

既存サービスへの「怒り」をとことん利用する

ネットフリックスが創業したとき、競合相手のブロックバスターは消費者の日々の暮らしのなかで圧倒的な優位を占めていた。何百万人もの顧客と何千軒もの店舗をもち、ブランド認知度は極めて高かった。ピーク時の2004年には、売り上げが60億ドルを超えていた。しかし、ブロックバスターのビジネスモデルには少々あくどい裏技が隠されていた。顧客を憤慨させるほど高額な延滞料金が、その利益のかなりの部分を占めていたのだ。ある情報筋によると、同社の2000年の延滞料金収入は合わせて8億ドル、売り上げ全体の16％だったという。

言い換えれば、同社を成功に導いた最大の要因は、その顧客に科したペナルティだったということになる。これは私が呼ぶところの「耐えられる」特性（前章で紹介したコンセプト）に当てはまる。つまり、顧客から否定的に見られる特徴のことだ。この言葉に示されるとおり、顧客は他に選択肢がないと思っている間は、否定的な特徴に耐えようとするだろう。しかし、ひとたび彼らの求めるものが他から得られるようになり、それに「耐えられる」特徴が見当たらない場合、その特性は「不満」となり、やがて「怒り」になる。ネットフリックスは、このＤＶＤ転換点をうまく利用して、その顧客に向けてまったく異なるモデルを導入した。延滞料という怒りを引き起こす要素のないモデルを。

　こうなると、ブロックバスターの面々もこの時流に目を背けてはいられない。ＣＥＯのジョン・アンティオコは、ネットフリックス（と、その他の新たな配信サービス業者）の台頭を脅威と受け止め、それに対抗する行動を開始する。ちなみに、これは２００４年ごろ、ブロックバスターの売り上げがピークに達したときのことだ。アンティオコは延滞料金制度を撤廃し、定額サービスを開設。さらに、各地に実店舗をもつブロックバスターならではのサービス、いわゆる「即座に得られる満足」を提供するというアイデアを思いつく。もう映画は見終わった？

　すぐに別のを借りたい？　だったら、お近くのブロックバスターで返却して、その場で新しいのを借りればＯＫ。こうした新たな取り組みは「トータル・アクセス」と呼ばれた。

　当時、これは戦略的なブレークスルーとして大いに称賛された。ある興奮気味の観察者は、息を切らしながらこう述べている。「何の前触れもなく、あの高価な不動産とインフラ設備のすべてがブロックバスターの重荷ではなくなってしまった。それどころか、ネットフリックスが太刀打ちできない巨大な優位性となっている」

　ところが、このために会社の出費はかさみ、それと同時に短期利益も落ち込み始める。こうした現象は、戦略的転換点を乗り越える必要があるときにはよく起こる。そしてここに登場したのが、アクティビスト投資家のカール・アイカーンである。

アイカーンは、自身のお気に入りメンバーを取締役会に据え、やがてアンティオコを退陣に追い込む。ジム・キーズが次期CEOに就任すると、アンティオコの新方針はくつがえされ、それ以降ブロックバスターはかたくなに転換点をかわそうと努める。こうして、同社は2010年に倒産した。

ここには、なぜ転換点がチャンスに満ちた新領域を創出できるかが表れている。

あらゆる種類の既存サービス提供者の多くが、時代の流れとともにさまざまな否定的特性を蓄積している——ブロックバスターが、その延滞料金で蓄積したように。転換点の到来によって、そうした否定的特性から逃れることが可能になると、顧客は離れていき、その資源や関係性をもっと融通の利くサービス提供者に移し始める。顧客は既存サービスから「脱出」して、新たな提供者と関わりをもち始めるということだ。

既存業者にとって、そうした再発明を自分のビジネスに応用するのは容易なことではない。だからこそ、ネットフリックスがそのビジネスモデルを変えた経緯にまつわる物語は興味深いのだろう。

どの時点で行動すべきか

ネットフリックスが犯した、まれに見る失敗について考えてみよう。その成功の歩みは、もともと顧客に便利で手ごろな料金体系のレンタル映画を提供する業務から始まった。当初のモデルでは、顧客はメールで注文した映画のＤＶＤを受け取るために、月額制のレンタル料を払っていた。それぞれの顧客は、「キュー」（「待ち行列」の意味）と呼ばれる、観たい映画のリストをつくることができ、ネットフリックスにＤＶＤを１本返すと、キューから次の作品が顧客に送られるというしくみだった。

先述したとおり、ビデオ・オン・デマンドがやがてストリーミング配信に移行するだろうと予測され始めたのが、１９９０年代後半だ。上層部にとって本当の意味での試練は、この到来しつつある転換点に対して、どの時点で行動を起こすべきかを見極めることだ。高速インターネット接続が広範に普及するなか、リード・ヘイスティングスとそのチームは、小規模な実験を開始する。目的は、少なくとも一部のユーザーにとって、新たなフォーマットを試すタイミングが正しいかどうかを見るためだった。当時の技術では、ストリーム配信される映画のクオリティは、ＤＶＤやブルーレイディスクに比べはるかに劣るものだったが、映画を観たいときにいつでも視聴できるようにはなったということだ。

2007年1月、ネットフリックスは《ウォッチ・ナウ》サービスを開始する。『カサブランカ』などの名作からカルト映画、海外作品、ミニシリーズまで、約1000作品を配信するサービスだ。このときの目標は、ネットフリックス保有のアーカイブ作品を全ユーザーに提供することだった。当時、ユーザーは月額会費5・99ドルを払うと、1カ月に6時間のストリーミング配信を視聴できた。

《ウォッチ・ナウ》を始めたとき、ヘイスティングスは言った。「1998年に僕らの会社をネットフリックスと名づけたのは、インターネットを介した映画レンタルが未来を象徴していると確信したからだ——まずは、サービスと品揃えを改善する方法、次に、映画を届ける方法として。たしかに、コンテンツやテクノロジーの問題で、オンラインでの映画鑑賞を一般消費者が取り入れるには長い年月を要するだろう。しかし、ネットフリックスがその第一歩を踏み出すタイミングとしては、最適だと判断した」

ストリーミング事業は、同社にとって経済的に魅力あるものだった。何よりもDVDを郵送する手間を省ける。そしてストリーミング配信サービスの成長に絶対的な確信をもっていたネットフリックスは、2010年の段階で、DVD事業は2013年にはピークに達し、その後の数年でストリーミングが完全にそれに取って代わるだろうと予測した——投資家へのプレゼンテーションで、こう断言したように。「目標は、誰もがネットフリックスに加入するほど幅広く、魅力的で、そして手頃な料金のコンテンツを揃えることだ」

　前章で提起したフレームワークを使えば、経済的に実行可能なストリーミングの出現を見積もることができる。いつものように、賢いやり方は限られた資源プールから始めることだ。この場合は、そうしたプールはエンターテインメントに注ぎ込む出費だろう。そうなると、状況（誰が、何を、どこで）は主に自宅のリビングルームから、人々がコンテンツを消費したいと思うあらゆる場所へ展開すると予測できる。それは、より可動性があってスピーディーな携帯電話サービスの普及が明らかだからだ。

　同様に、完了すべきジョブも、平日の夜に映画を1本観ることから、ひょっとするとシリーズものを一気に観る「ビンジ・ウォッチング」へと広がるかもしれない。消費チェーンは、劇的に変わるだろう――キュー、メール受信箱、そしてＤＶＤ入りのあの赤い封筒から、手軽に高性能デバイスのアプリをクリックするだけでいつでも好きなときに映画を楽しめるオン・デマンド視聴へ。

　また、その機能性も、ＤＶＤの制作・保管・郵送という物理的な様相をもつビジネスから、デジタル技術を介した体験を提供するビジネスへと変わっていくだろう。そして最終的に、ストリーミングが最適なプラットフォームとして人々に選ばれれば、ＤＶＤ事業を運営するために使われた主要な評価基準も、すべて変わるに違いない。

ヘイスティングスは、２つのビジネスを一緒にやっていくのは無謀なことだと思った。ネットフリックス・ブランドと、そのコンテンツプロバイダーとの間には、良好であることのほかには共通するものはなかったからだ。評価基準、投資、成功への原動力など、どれを取っても両者には違いがある。ストリーミング・プラットフォームで視聴するための種々の特性も違うだろう。ネットフリックスは、純粋なデジタル世界の消費体験を思い描いていた。――そこには当然、ＤＶＤ視聴に伴う否定的な特徴（別のプレーヤーの必要性、物理的にディスクをプレーヤーに出し入れしなければならないこと、物理的に限られた場所でしか視聴できないことなど）はないだろう、と。

こうした確信にもとづき、ヘイスティングスは２０１１年6月に運命的な選択をする。将来性はストリーミングにあり、ＤＶＤ事業は衰退するだろうと強く感じたため、彼はＤＶＤメールオーダー事業からストリーミング配信サービスを切り離そうと決めたのだ。

ＤＶＤ事業は、クイックスター（Qwikster）と呼ばれる子会社に移されることとなった。これにより、顧客はＤＶＤ郵送サービスとストリーミング配信サービスの両方に対して別々に利用料を払わなければならなくなった。その料金は、（両方の利用料を含む）月額9・99ドルから、それぞれのサービス利用料として月額7・99ドルへと変更された。つまり、両方のサービスを受けたい顧客は、合計（月額）15・98ドルも払わなければならなくなったのだ。

顧客は不満を露わにした。彼らにしてみれば、この価格改定はユーザーにとっての選択肢が増えた結果というよりも、これまで月額9・99ドルで利用できていたサービスの大幅値上げだったのだ。そのうえ、ストリーミング配信のコンテンツがDVDほど充実していなかったことから、多くの顧客がストリーミング配信サービスを解約すると宣言した。さらに、両サービスを受ける顧客にとって煩わしいのは、キューを2つつくらなければならなかったことだ。解約の勢いが凄まじく、同年10月には『ネットフリックス、衰退との闘いに直面』のような大見出しつきの報道記事が現れ始めた。結局、80万人を超える顧客が同社のサービスから離脱したという。

間もなく、クイックスター計画は取り下げられ、ネットフリックスは一括価格に戻った。

これは転換点を予見して素早く動きすぎたケースと見なしていいだろう。ストリーミングが、将来のエンターテインメント事業において重要な位置を占めることは確実だったが、顧客に対して、便利さと使いやすさと手頃な価格を無理やり断念させようとすれば、このように怒りを買う結果にしかならないということだ。

ネットフリックスの課題

とはいえ、ヘイスティングスとそのチームには未解決の問題が残されていた。将来の主力はストリーミングと決まっていても、現在の利益はＤＶＤ事業から得ているという問題だ。解決策は、当初の分割計画を静かに実施すること――つまり分離したビジネスを、独自のＵＲＬ（DVD.com）と独自のビジネス構造と、それに独自の操業形態で築き上げることだった。ＵＲＬは２０１２年３月に取得したが、そのときネットフリックスは「守備固め」を理由に挙げた。

　このうちのストリーミング事業は顧客基盤を世界中に広げることに重点を置き、ＤＶＤ事業は――定期ユーザー数が減少するなかでも――効率性を高めて利益を維持することにフォーカスした。それぞれのグループに別のマネジメントチームを組み、本社もある程度距離のあるロケーションに置き、それぞれに異なる評価基準とインセンティブを使うことになった。

　こうして、２０１８年までにストリーミング事業は世界中で１億１８００万人のユーザーを獲得。一方、ＤＶＤ事業の定額会員数は、ピーク時（２０１０年）の約２０００万人から３４０万人に減少した。その後、ネットフリックスの古株リーダーの１人、ハンク・ブリーゲマンがＤＶＤ事業の責任者に据えられ、ヘイスティングスはエンターテインメント界の次なる大転換点、すなわちオリジナルコンテンツ制作に集中的に取り組み始める。

　オリジナルコンテンツへの動きは、既存のコンテンツ所有者側に起きた変化を反映したものだった。長年、所有者たちは過去作品の再上映権を（かなりの額のキャッシュと引き換えに）ネットフリックスに譲って満足していたが、ひとたびネットフリックスが顧客にストリーミングの快適さと価格の手ごろさを示しはじめると、これまで盤石だったケーブルテレビの人気が落ち始めた。現状を維持するために、コンテンツ所有者はネットフリックスでの配信スタートをケーブルテレビより遅らせる措置をとったが、さして効果は出なかったという。――ある報道記者は、こう指摘した。「毎分6名ずつのペースで、ケーブルテレビの解約は進むだろう」

オリジナル作品制作に挑んだのはネットフリックスが初めてではなかったが、他と比べて、同社にはとりわけ大きな優位性があった。それは、顧客がどういう作品を楽しんで視聴するかを15年分の豊富なデータとして把握していたことだ。オリジナルコンテンツ制作に乗り出す決断とともに、ネットフリックスは目覚ましい業績を達成する。報道によると、コンテンツが非常に好評だったため、今では合衆国の全世帯の75％が同社のストリーミング配信サービスの会員登録をしているという。現在、同社の掲げる目標は次のように書かれている。

〝われわれは会員の「モーメント・オブ・トゥルース」（訳注：ユーザーが製品・サービスの質やイメージを判断する瞬間のこと）をより多く勝ち取ることを目指す。そうした決定的瞬間というのは、たとえば午後7時10分に、ある会員がくつろぎたいと思ったときに、友だちや家族との共有体験を楽しむのか、それとも退屈な時間を過ごすのかを決める瞬間のことだ。その会員はネットフリックスか、その他の多くの選択肢から選ぶことができる〟

顧客はなぜ離れていくのか

前章では、転換点によってビジネスが変化し、新たな機会が人々に開放され得るといういくつかの仮説について検討した。そこで確認した内容に、10代の若者の出費にまつわる意思決定の変化が、アパレル業に１つの転換点を引き起こしたことも含まれていた。若者が衣類よりもコミュニケーションやインターネットにお金をかけるようになったことが、多くの従来型小売業者にとって痛手となった一方で、ファストファッションの出現に対応する準備が——運良く、または、戦略によって——整っていた業者には有利に働いたのだった。

本章では、ネットフリックスがチャンスを活かして、（延滞料という否定的な特徴があった）ブロックバスターよりも首尾良く映画レンタルサービスを提供したことを確認し、また、ネットフリックスがその主力事業での収益力を確保しながら、ＤＶＤからストリーミング配信へ、さらにオリジナルコンテンツ制作へとビジネスを推移させることがいかに挑戦しがいのあることだったかについて理解を深めることができた。

この事例では、3つの分析レンズが交差している。

1つ目は消費チェーンであり、顧客が1つの組織と関わり合う過程をそれぞれ反映したものだ。リード・ヘイスティングスが、娯楽コンテンツのキューを2通りもつくりたくはないという友人のアドバイスを無視したというのは有名な話である。彼は、これが望ましくない顧客体験だと理解できなかったのだ。

2つ目のレンズは特性マップであり、消費チェーンのさまざまなポイントで提供されるサービスに顧客がどう反応するかを明示するものだ。この事例では、顧客は以前よりクオリティの低いサービスにもかかわらず利用料が大幅値上げされることに憤慨したのだった。

3つ目は完了すべきジョブ、つまり、顧客が成し遂げようとする事柄であり、消費チェーンのあらゆる連結部で顧客の行動を動機づけるものだ。

完了すべきジョブの遂行を阻むバリアの特定ができた場合、転換がそのアリーナを変える決定的なポイントをすでに特定できたということになる。ここで理解しなければならないのは、顧客と他の主要なステークホルダーたちがそれぞれに望むものを手に入れられない状況をつくり出しているバリアや障壁や抵抗についてである。しかし、それを直接顧客に尋ねても大した助けにはならないだろう。

顧客は、何らかの状況設定が望ましくないか、あるいは不満の原因となっているとしても、そのことに気づかない場合もあるからだ。おそらく、彼らは知らないうちに（次善の策として）その不便な状況に耐えようとするか、最悪の場合、提供されるサービスをいっさい受けないことにするだろう。

ストリーミング配信の「これから」

成功を収めたにもかかわらず、ネットフリックスが次に直面する競争が今までとは異なる様相となるのは明らかだ。ネットフリックスはオリジナルコンテンツ提供者との競争に――独自の作品を制作することによって――突入しようという。しかも手がけるのは、低予算の安っぽくて陽気な作品ではない。

２０１８年、ネットフリックスはオリジナル映画を3本制作し、それらをストリーミング配信する前に劇場公開した。その意図は、撮影する側とされる側の両方の意欲を掻き立て、アカデミー賞を狙えるほどのクオリティに仕上げさせるためだ。ネットフリックスのチームは、オリジナルコンテンツが会員の（ストリーミング配信への）愛着度を維持するために欠かせないことを痛感していた――そして、コンテンツの質を高めるにはトップレベルの俳優の出演がカギであることも。

こうした判断が下ったのは、一部のコンテンツプロバイダーが同社と決別してからのことだった。おそらく、彼らはネットフリックスがいかに効率よく会員基盤を成長させたかに驚愕したのだろう（同時に、いかにケーブルテレビの魅力を損なわせたか、にも）。いずれにしても、ディズニースタジオはネットフリックスから自社制作コンテンツをすべて引き上げ、独自のストリーミング配信サービス《ディズニープラス》を導入している。コンテンツ制作の大手であるワーナーメディアを保有するＡＴ＆Ｔもまた、ネットフリックスと袂を分かち、新たなストリーミング配信サービスを開始する模様だ。最大手のコムキャスト（Comcast）を始めとするケーブルテレビ各社についても、その多くがすでにストリーミングサービスを取り入れ、現行のケーブル受信料で「オン・デマンド」映画番組を放映したり、個々に課金する「ペイ・パー・ビュー」を導入したりしている。

興味深いことに、ヘイスティングスとそのチームは、ライバルたちのこうした出方をあらかじめ見越していたようだ。おそらく早くから、従来のテレビ産業の基準ではなく、アリーナの観点から考えていたからだろう。ネットフリックスは、そのアリーナを昔ながらのテレビ放送の枠で定義づけるのではなく、ユーザーが自社サービスを使って過ごす余暇の割合をどう増やすかが自分たちの挑戦であると捉えていたのだ。それは彼らから投資家への次のメッセージにも表れている。

われわれの競争相手は、顧客が自由に選ぶ余暇の活動すべてだ。これには、他社のストリーミング配信やリニアＴＶやＤＶＤやＴＶＯＤで映画やドラマなどを観ることだけではなく、読書、ユーチューブ視聴、ビデオゲーム、フェイスブックでの交流、友だちとの会食、それにパートナーとワインを楽しむひとときも含まれている。他にもあるだろう。われわれに獲得できるのは消費者の時間と金のほんの一部ではあるが、もしサービスを向上し続けられれば、余暇のもっと多くをわれわれが勝ち取るチャンスは大いにあると見ている。

想像してみよう――登録ユーザーの使用料でまかなわれ、厄介な問題を引き起こすデータ収集のない――フェイスブックに匹敵するほど大きなネットワークを。おそらくこれは、ストリーミング配信によるエンターテインメント事業に次なる転換点をもたらすものとなるだろう。

スマホがカメラに取って代わったように

ここで思い起こしてもらいたいのは、潜在的な顧客について考える際には、まず彼らがそれぞれの生活のなかで完了しようとするジョブを念頭に置くべきだということ、そして、彼らの行動を制約するものが変化した場合に、ジョブを完了する方法にどういう影響を及ぼすかについても検討すべきだということだ。次に来る転換点に関するインスピレーションの源泉は、何が顧客の目標達成を妨げているかに注目することにある。

つまり、潜在的な顧客が今どういう状況にあるか、何を成し遂げようとしているか、そして、どういう結果を求めているかを把握できるかどうかがカギだということだ。

顧客にとって、(ジョブを完了する上で)他よりも断然便利なデバイスの代表例は、スマートフォンだろう。これに取って代わられたのは、ありとあらゆる種類の単機能デバイス(フラッシュ装置、デジタル・レコーダー、カメラ、ビデオカメラ、電子メールプラットフォームなどなど)だ。スマートフォンは極めて有用性が高く、これさえあれば私たちは非常に多くのジョブを完了することができる。今日のデジタル化が意味するのは、かつてないほど大量のコンテンツを私たちは創造し、それを使って他者と交流しているということだ。その一方で、従来の撮影ツールの使用頻度はますます低くなっている。実際、こうした変化から引き起こされた転換点によって、私たちの日々の体験はことごとく影響を受けている。

たとえば、ゴルフ大会に出場しているタイガー・ウッズを観ている人がいる。ライダーカップ・ヨーロッパとヨーロピアン・ツアーのコンテンツディレクターを務めるジェイミー・ケネディーは、プレイ中のウッズを囲むギャラリーの過去(2002年)と2018年を比較して、その画像をツイートして大反響を呼んだ。2002年のギャラリーは、ただウッズのプレイに注目しているだけだった。しかし2018年の画像では、ウッズは無数の携帯電話に囲まれてプレイしていた。ギャラリーのほぼ全員が、この有名ゴルファーの写真

……しているとき	私は……したい	私が……できるように
状況	**動機**	**結果**
私は今、自分の大切な人たちにとって大きな意味のあるライブイベントを観ている	何らかの形で記録に残したい	私と一緒にそこに行けなかった人たちと動画や画像をシェアする

や動画を撮ろうとしていたのだ。言い換えれば、２０１８年の彼の復帰ツアーに駆けつけた大勢のファンたちは、彼のプレイを観るというより、むしろ彼を録画していたことになる。――その圧倒的多数が、携帯電話を使って。何かのイベントに行っただけでは十分でなく、「そこに自分もいた」という証拠になる写真や動画が必要なのだ。

こうした状況を「完了すべきジョブ」のコンテクストに入れ込むと、上記のように表せるだろう。

こうしてみると、携帯電話のほうが従来のカメラよりはるかに簡単に、（意図した）結果を得られることは明らかだ。専用のビデオカメラはかさばる。用途は１つに限られ、すぐにバッテリーが切れる。それに、ストレージ媒体のスペースをたくさん占めるだろう。そのうえ、撮った動画を他の人たちとシェアするには、何らかのストレージ媒体からコンテンツを引き出す操作や、受け取った人が見られるフォーマットに換えることも必要だ。だが、スマートフォンがあれば、あなたはただ写真アプリを起動して「ビデオ」に設定するだけで万事ＯＫ！

これは、顧客の行動を制約するものの推移――かさばるビデオカセットに代わってスリムなDVDが登場したことや、ポケットサイズのデバイスでビデオ録画できるようになったことなどの、ありとあらゆる推移――から、企業はカスタマージャーニーを変える好機を見定められる。

こうした「制約における推移」の波及効果を予測し始めるには、カスタマージャーニーとカスタマーフラストレーションの両方を実際に体験することが重要だ。これを出発点として、私たちはしだいに顧客の抱える問題がどういうものか、そしてそれらが消費チェーンのどこに潜んでいるのか理解できるようになる。

ウーバー（Uber）やリフト（Lyft）のような配車サービス企業が突然どこからともなく現れて、従来のタクシーサービスを――とりわけ、ニューヨークのような大都市で――破壊した経緯を見てみよう。それは、既存ビジネスの経営陣が思い込みに依拠するあまり、自社を脅かす変化に気づけなくなるという典型的な例だ。

ニューヨーク市を例に取ろう。大恐慌時代に、多くの失業者が何とか生活の糧を得ようとタクシー運転手になった。その結果、わずかな数の乗客を多数のタクシー運転手が追いかけることになり、さらに、ひどい渋滞や、老朽化した車両と無謀運転を含む危険な交通状況も引き起こされた。やがて、こうした事態を緩和すべく、ニューヨーク市のリーダーたちはタクシー運転手の数を減らし、乗車中の安全性とサービスの向上を目指して法的に規制することがタクシー事業のためになると考え始める。そして１９３７年、ハース法が制定され、通りで乗客をひろうタクシーを規制する「メダリオン・システム」が導入された。メダリオンは、タクシーの車体につける番号のついた金属プレート（営業許可証）だ。このメダリオンは市から購入しなければならず、やがてそのマーケットは大きく成長した。メダリオンの数は厳しく制限され（２０１３年には、１万３５８７枚）、そのために価格が高騰して（２０１３年までに）１枚１３０万ドルまで跳ね上がったという。

このメダリオン専売によって、タクシー運転手と車両オーナーたちの営業は安定したが、その一方で、顧客にとって不都合な側面が数多く生まれた――雑誌『アトランティック』の記者、ミーガン・マッカードルが“Why You Can't Get a Taxi”（「どうしてタクシーはつかまらないか」）という記事のなかで、タクシーサービスは、顧客の立場から見れば理想からほど遠いことを説明した。

たいていの都市居住者と同じく、私はたくさんの時間を費やして、タクシーについての不満を口にしてきた。タクシーは汚くて乗り心地が悪いし、必要なときにつかまらない。空港に行くために早朝6時にタクシーをひろいたくても、１台も見つからないことが度々ある。そのうえ、タクシードライバーのほとんどがひどく乱暴な運転をする。女性たちは身の危険を覚える運転手について、黒人の男性たちは乗車拒否する運転手について、それぞれ不満を

……しているとき	私は……したい	私が……できるように
状況	動機	結果
歩くには遠すぎるところまで行く用事があるが、車を持っていない	楽に出かけられるように手配したい	A地点からB地点まで、費用も面倒も最小限に抑えて移動できる

もっている。

自身が書いた記事のなかで、マッカードルはウーバーという企業が提供する新たなサービスに強い興味を示している。当時、ウーバーのビジネスモデルでは、ドライバーにリムジン運転手と同等の技能が求められていた。つまり、普通の人がウーバー運転手になれるという現行モデルは、まだ誕生していなかった。従来のタクシー会社はウーバーに反対し、その規模拡大を阻止するために法規制を利用しようとしたが、あくまでも（規制をおこなう当局の面々ではなく）顧客をどれだけ獲得できるかが現実の問題だということは、彼らにはまだ明らかではなかった。

これは、今にも破壊的な革新（ディスラプション）が起きようとする状況である。

ライドシェアサービス各社が参入して「A地点からB地点まで移動するジョブ」を変化させたのは、まさにこのときだった。

この分析は、顧客にとってのいくつかの重要な難点、つまり、顧客ができるだけ便利に手頃な値段でジョブを完了するのを妨げる要

消費チェーン連結部	従来のタクシー利用方法	否定的な特性／顧客にとっての難点
乗車を予約する	タクシー会社の代表番号に電話する 街角で手を挙げて止める あらかじめリムジンを手配する タクシー乗り場まで行く	当てにならない 乗りたいときに1台も来ない 待ち時間が長い 運転手のモラル欠如
乗車する	均等ではない体験 汚い車両 運転手が携帯電話を使いながら走行 古い車両 エアコンが効かない 無謀な運転	全体として不快な環境
乗車料金を支払う	現金を使う 車内でクレジットカードを使う 領収書を求める	運転手がクレジットカードを受けつけない 運転手が釣り銭を持っていない 領収書発行まで長く待たされる

因を明らかにしている。次のステップは、なぜ従来のタクシーにはこのような難点があるのかと問うことだ。

ニューヨーク市におけるタクシー事業の交通問題にとって、配車サービス企業は大きな転換点となった。市職員と議員たちは、こうしたサービスの台頭に示される転換点に意表を突かれた。２０１７年には、すでにウーバーがニューヨーク市のイエローキャブ以上

否定的な特性／顧客にとっての難点	なぜこうなっているのか	どうすれば変えられるか
当てにならない 乗りたいときに1台も来ない 待ち時間が長い 運転手のモラル欠如	中央からの指令によるタクシー配車の経済性：無線などで全車両を広範囲に配置させるのは経済的ではない	地理的に離れている運転手と乗客を結びつけるアプリ
全体として不快な環境	不快な体験に対する制裁措置はいっさいない――独占事業であるため	乗客と運転手が互いに評価し合う評定システム
運転手がクレジットカードを受け付けない 運転手が釣り銭を持っていない 領収書発行まで長く待たされる	新技術への投資はいっさいない――独占事業であるため	クレジットカードの事前登録／降車時のカード処理は必要なし／領収書はオンラインで自動発行

の乗車実績を上げていた。

　これは異例なことではない。つまりは、転換点によってもたらされた諸々の変化に社会制度がなかなか追いつけないのだ。対応策の1つとして、ニューヨーク市はタクシー会社が運転手に最低賃金を支払うことを義務づけた。調査結果によると、これらの会社が収益を得る唯一の方法は、運転手から不定期の上納金を受け取ることだというが、こうしたことからも、配車サービス革命によって起きた変化がすでに次の局面に進んでいると見ていいだろう。

もちろん、都市交通におけるオン・デマンド代替サービスも順調に発展している。近年、オン・デマンド電動キックボード・シェアの市場で競争が激化しているという。なかでも、ロサンゼルスで電動キックボード・シェア事業を展開するバード（Bird）の成長が目覚ましく、2018年には同社の評価額が20億ドルを超えたほどだ。

さらに数々の配車サービス企業が、ニューヨークのモティベイト（Motivate）の操業する「シティバイク」（CitiBike）のようなシェア自転車システムへの参入に関心をもっているとの噂すらある。ウーバーは、今のところ都市部での移動手段を提供するサービスを前面に打ち出していく構えだが、最終的にどの企業が（かならず起こる）業界再編の波を乗り越えられるかはわかっていない。

私たちの分析アプローチに話を戻そう。アリーナの分析であなたがフォーカスすべき問題は、自社ビジネスの展開における日常的な制約に何らかの変化が起きた場合、その変化が競合他社にとって、（あなたとは違うやり方で、あるいは、あなたよりも首尾よく）顧客の感じる難点に対処する助けとなる可能性があるかどうかだ。

ここは、よく考えてみてほしい。

もしも現実的にその可能性があるなら、今こそ注意を払うべきだ。

この章のキーポイント

顧客を不快にしたり、さらには怒らせたりする業務形態が、場合によっては（既存の企業を破壊する）新プレイヤーを市場に呼び込み、顧客を離れさせる原因になる。

前方に転換点の兆しが見えたとしても、それが実際に到来するまでには思った以上の長い年月がかかることもある。

顧客が人質としての立場を甘んじて受け入れるのは、ほんの一定期間のことだ。いずれ、彼らを拘束するビジネスモデルが崩壊するのは間違いない。

成長する事業の運営スタイルと低迷する事業のそれを分けるのは、〝理にかなっているか〟であることかもしれない。両者には、それぞれ異なる評価基準と経営方針、それに顧客にとっての異なる付加価値が要求される。

顧客を取り巻く状況、彼らがその状況下で完了しようとするジョブ、そして彼らの求めている結果を深く理解することは、そうした状況がどう変わるかを予測する上で不可欠なことだ。

5
何が真実か——
手早く学ぶ計画

多くの点で正しい人たちというのは、
とても熱心に、自分の信念に正当性がないことを
証明しようとするから不思議だ。

ジェフ・ベゾス

曲がり角の向こうを予見するには、末端部に身を置くことが大事だと学んだ——そこが最初に転換点の兆しが現れるところだからだ、と。それから、私たちは早期警報へのアプローチをいくつかつくり上げた——個々に異なる未来シナリオを描き、それぞれのシナリオがどういう段階を経て展開するのかを知るために未来から現在へと遡りながら。さらに、アリーナという考え方についても探索し、それが従来の業界とは違い、分析レベルを決定づけるほど重要なアイデアであることを知った。また、主要なステークホルダーのジョブを快適に遂行させない負の要因こそが、（その要因を取り除く組織に引き起こされた）転換の扉を開くこともあると気づいた。

そして、私たちは次に何をすべきかを考えるところに来ている。

しかし、まずは注意点をいくつか確認しておこう。ここで紹介するテクニックは、どれも精度の高い予測のためのものではない。あくまでも可能性を生み出し、そこにあなたの意識を向けさせるためのものだ——エビデンスが強くなるにつれて、行動を起こす準備を整えられるように。

未来がどのようなものであれ、そこには多くの変数（幾通りもの結果を導くもの）があるはずだ。複雑化したシステムに何らかの価値があるとすれば、それは多様な未来の可能性を秘めていることだろう。

たとえばインテルは、未来のさまざまな局面についての創作活動を推進するために、ＳＦ

作家や未来学者や学生を雇い入れている。その目的は、未来を予測することではなく、形をなしつつある可能性に対して人々の心を開かせることだ。行く手に見える角を曲がった先にいったい何があるのか、それを正確に見越すことは誰にもできない。しかし、複数の可能性を幅広く意識して、それらに注意を払うことはできる。

気づいたときに進路を変えられるか

ある転換点が目の前に迫ってきたとしよう。気がついたあなたは、それにどう対処すべきか具体的に決めなければならない。この瞬間に意思決定者が直面するジレンマは、いまだに不確実性が極めて高いということだ。言い換えれば、知識と比べて想定（または思い込み）の割合がはるかに高い状態ということになる。以前から幾度となく述べているとおり、不確定要素の多い状況下で求められる思考プロセスは、進むべき方向性が定まっている状況下のそれとはまったく異質だ。

ずばり言わせてもらおう。このトリッキーな局面をくぐり抜ける過程は、戸惑いと試行錯誤から始まり、それに少しばかりのカオスが加わって、その後に包括的なゴールに対する確固たる決意がようやく芽生える。あなたは、結果を出せるという見通しを熱烈に語りかけなければならないし、その一方で、手段を変える準備もしておかなければならない。

これと一致するのが、未来学者ポール・サフォーの提唱するアプローチ――「できるだけ多くの予測を、できるだけ素早く形成し、その後できるだけ素早くそれらが間違いであることを証明せよ」である。さらに、彼の言う「強い見解を弱く保持せよ」とも一致するだろう。

仮説指向計画法（Discovery-Driven Planning=DDP）は、現在、大きな牽引力を獲得しつつあるプランニング法だ。ますます不確実な状況に追い込まれるなか、新世代の経営者たちにとって何よりも重要な任務は、学ぶための計画立案であることがわかるだろう。

簡単に説明すると、仮説指向計画法では、まず未来のパラメータをいくつか設定する必要がある。その後、時をさかのぼりながら、その未来が現実になるには何が真実でなければならないかを突き止めていく。2章で触れた弱いシグナルに対する演習と同じく、このプロセスもまた、多くの企業が取り組むプランニング過程に見られるリスク回避あるいは失敗回避とは性質を異にするものだ。

基本的に、これはとるべき行動を綿密に計画するものではない。むしろ、転換点を念頭に置いたうえで、ピーター・シムズが呼ぶところの「小さな賭け」をするということ、私自身の言い方では「学ぶ計画を立てる」ことに等しい。つまり、いきなり全力を挙げて取り組むのではなく、まず一枚岩の計画を細切れにすることから始めるのだ。これらの細かな計画は、それぞれ（私が呼ぶところの）「チェックポイント」ごとに検証される。

チェックポイントは、単にあなたが何かを新たに学ぶ時点のことだ。各チェックポイントで、あなたは2つの問いかけをすることになる。1問目は、自分の学んでいる事柄がコスト（またはリスクや時間）をかける価値があるのかどうか。ちなみに、私は以前どこかで組織の「食欲」について言及したことがある。組織のメンバーが学び取る中身とその価値をあらかじめ決めて、それを実行する決意を「食欲」と呼んだのだ。

2問目は、学んでいる内容から考えて、そのまま計画通りに続行すべきか、それとも、何らかの変更が必要なのかどうか。

ここで避けたほうがいいのは、乏しい判断材料のなかで正しさを求めて右往左往することだ。事実を十分に把握していないときに、（会議の席で）声を荒らげて判断の正しさを主張し合うのは時間とエネルギーの無駄である。

それよりも、低コストで創造的な方法を考え、それに従って実際に何が正しい答えなのかを見極めるほうがはるかにいい。その場合、仮に自分の想定したことが正しいと実証されなかったとしても、何かを1つ学び取ったことになる。実のところ、行き止まりに突き当たったときでも、その状況は進歩だと捉えられる。なぜなら、いつでも進路を変える——あるいは「ピボット」する——ことができるからだ。

こうした状況で驚くほど役立つのが、起業家精神にあふれたマインドセットである。そのカギになるのは、仮説指向を貫くことだ。答えをすべて知っている振りをするのは、もうやめよう。この極めて不確実な時代に、誰ひとりとして正解を知っているはずはないのだ。「正しさ」について言い争ったり、綿密な計画を18カ月も実行したりするのは時間と労力の浪費でしかない。それよりも、大きな不確定要素を具体的にピンポイントで特定し、それらについていかに洞察を得られるかを探り出すほうがよほど有益だ。

ナシーム・ニコラス・タレブは、この混沌とした時代の先見性というものに対する貴重な見解を、自著『反脆弱性―不確実な世界を生き延びる唯一の考え方』（ダイヤモンド社）のなかで提起している――「予測のつかない偶発的な（あるいは、衝撃的な）出来事から、マイナス面よりもプラス面を多く得るのが反脆弱性であり、その逆は脆弱性である」と。

次なる転換点へと仮説指向アプローチを練り上げるときに、実際に試みるのはこのプラス面を活用することだ――コストやマイナス面を封じ込めつつ。

要するに、変化に対する最善のアプローチは第一に、低コストの失敗をすること、自分の仮説が間違っていたことを素早く実証すること、そして自分の起こした行動のプラス面を見続けることなのだ。

しかし、早まってはいけない

前にも述べたとおり、行く手に転換点が最初に姿を現したとき、ついつい人々は早まった行動に走って、（その転換の意味するものが十分に理解できないうちに）かなりの量の資源を投入する。苦い体験を通して、この教訓を学んだ組織は数知れない——とりわけ、いわゆるデジタル革命が起きたときに。

デジタル技術をめぐる間違った行動は、多くの場合、その変化がもたらす影響力の大きさに対する誤解から始まる。その独特の影響力については、1章で詳しく述べたとおりだ。

従来型の組織の戦略や操業モデルへのデジタル技術の影響を考えれば、その他の多くの高成長企業がなぜやすやすと誤った戦略上の賭けに出るのかもわかってくるだろう。結局のところ、彼らは将来のビジネスに与えるデジタル技術のインパクトを過小評価していた。これをデジタル・ビジネスモデルの専門家ライアン・マクマナスが極めて明快に説明している。

デジタル化の雪解け

デジタル化は、アナログの業務工程をテクノロジー・レイヤー（積層技術）を介してデジタルへ変えることだ。たとえば、企業が顧客をどのように扱っているかを知りたかったら、昔であれば、ベター・ビジネス・ビューロー（訳注：悪質な広告・販売活動の監視組織）や『コンシューマー・レポート』誌が発表する企業ランキングを調べただろう。今日の消費者は、それらの情報だけではなく、イェルプ（Yelp）やトリップアドバイザー（TripAdvisor）などさまざまなプラットフォームに公開された（大勢のユーザーによる）評価を閲覧することもできる。実際、店舗内で販売員から製品の特長や違いの説明を聞くよりも、むしろ他のユーザーが投稿したレビューを見るほうが手っ取り早いと感じる顧客が増えている。

本書の序盤で、「雪は先端から解け始める」というアイデアを使って、もし転換点に対して戦略的でありたいなら、それが最初に出現する場所――たいていは、組織の末端部――に自分をさらす必要があることを述べた。このアイデアによって、デジタル化の過程も理解することができる。

最初はマーケティングから

デジタル化は、どちらかといえばビジネスの戦略的な核心から遠いマーケティング領域で密かに始まった。ドットコム企業が急激に増え始めた頃、彼らが躍起になったのは、ＵＲＬの確保、バナー広告のためのデジタル不動産の取得、そして人々をブログの会員にすることだった。この最初の段階での破壊効果を誰よりも先に感じたのは、比較的影響力のない外部プレイヤーに一方的に情報を伝達することに慣れていた組織の面々である。

雪解けの第一波は、こうした組織が世界に対して存在感を示すための前提を完全に覆したのだ。しかし多くの企業にとっては、この変化が将来的な存続に関わる重大な問題には見えなかった。影響を受けていたのはマーケティングだけだったからだ。

実際、初期のインターネットがもたらした興味深い効果の1つは、アナログのマーケティングにかけられた費用が格段に増加したことだ。『ワイアード』誌や『フォーチュン』誌を始めとする新旧のビジネス関連刊行物が何ページもの広告を載せて膨れ上がり、一時は郵便受けに収まらないほどだった。2000年には、広告が合衆国のGDPの2・5%にまで達した。その後、ITバブル崩壊時に歴史的な標準値である2・2~2・3%に戻りはしたが。

この初期段階が、従来型の広告業者に安心感を与えたことは間違いないだろう。にもかかわらず、グーグルは2000年に《アドワーズ》(AdWords)というインターネット広告プロダクト(訳注：現在はグーグル広告)を発足させる。

その後、グーグルのアドワーズは同年末までに売り上げを7000万ドルまで伸ばした。広告主はこのプロダクトを使って、広告を指定の検索コンテンツの隣に表示させるのに費用をいくら払う意思があるか決めることができた。ユーザーが検索をすると、グーグルのアルゴリズムがデータベースをスキャンして、広告主の希望コストにもとづいたランクづけがなされる。消費者がその広告をクリックした場合、グーグルは広告主に(その支払いの意思に応じた)「1回のクリック当たりのコスト」を請求するというしくみだ。ちなみに、他の広告モデルでは、その広告を何人の閲覧者が見た可能性があるかでコストが決まる。

これは、従来のアナログ広告から現在のデジタル広告への移行の始まりだった。この移行によって、たとえば、新聞に掲載される広告の総コストは９００億ドル近く（２００５年）から５００億ドル以下（２０１７年）まで下落した。従来型のメディアがこうしたあおりを受けていたにもかかわらず、まだ多くの既存企業はその転換点がどういう影響をもたらすか見通せないでいた。

次は操業スタイル、そしてプロダクトとサービスへ

デジタル革命によって発生した転換点の影響を次に受け始めたのは、ビジネスの基本的な操業スタイルだった。メキシコに本社を置くセメント供給業者セメックス（CEMEX）は、デジタル技術の導入によって顧客にこれまでとはまったく違うサービスを提供できることに気づいた企業の１つだ。

同社は、生コンクリート事業において、ジャストインタイム生産システムのほうが顧客である建設業者にとってははるかに価値があるだろうと考えた。そしてデル（Dell）のような企業から得た洞察を活かして、ジャストインタイム・コールセンター方式を開発した。セメントが必要になってから発注をかければ、さほど待たされることなく必要量を配送してもらえるという、顧客にとって非常に便利な方式である。

こうしたデジタル革命の波によって、それまで当然視されていた（操業スタイルに関す

る）アサンプションも次々に覆されていった。コストもフリクション（訳注：買い手の購買意欲に悪影響を与える心理的負荷のこと）も高い取引が、比較的低コスト・低フリクションの取引に取って代わられ、そこに途方もなく大きな可能性が開かれたのだ。

デジタル化によってもたらされた新たな可能性を考えれば、デジタル製品およびサービスが、圧倒的多数のアリーナで重要な役割を果たし始めるのは時間の問題でしかなかった。なかでもエンターテインメントとメディアの両分野は、写真・書籍・映画・雑誌などのコンテンツのデジタル化にともなって大きく様変わりした。

しかも両分野においては、プロダクトが変わっただけではなく、消費者体験までも一変した。事実上、プロダクトが消費者の元へやって来るようになったことから、消費者はみずからそこへ出向かなくてもよくなったのだ。

さらにこの局面では、通常のプロダクトとサービスの特性さえも、デジタルコンポーネントの付加によって変化する。たとえば、自動車メーカーとその供給業者は、通信ネットワーク技術の発達により自動車に求められる機能が今後どこまで変わっていくのかを考慮するようになった。収益源も、自動車そのものの販売から修理・点検・保険を含むあらゆる種類のサービス提供へとシフトする可能性がある。また、自動車が生み出すあらゆる種類のデータが今後のアプリ開発に活用されることになるだろう。

最後にビジネスモデルも

デジタル革命がもっとも破壊的になるのは、従来型のビジネスモデルを制限するパラメータに影響が及んだときだ。本書でもすでに述べたとおり、現任の意思決定者にとって、これまでの経営ルールが通用しないことを「見抜く」のは極めて困難である。それは多くの場合、単に彼ら自身が周囲の変化に目を向けていないからだ。

保険を例に取ろう。デジタル技術には、バリューチェーン（価値連鎖）の異なるコンポーネントに対する管理形態を完全に変えてしまう力がある。さらに、デジタル技術を活用したビジネスモデルは、従来のモデルよりはるかに安価に実行できるため、現行ビジネスに対する巨大な価格プレッシャーを生み出す場合もある。

1　流通――顧客に保険契約を「販売」していた従来の仲介業者は姿を消し、それに代わるものとして生まれるのが、（おそらくモバイル端末装置を通じての）インタラクティブなオン・デマンド体験だ。現段階で、これは実行可能であり低コストでもあるため、今後ますます多くの保険サービスが実際の顧客の活動に細かく対応する形で提供されることになるだろう。

さらに、ブロックチェーン技術により実現したスマートコントラクト（訳注：自動化された契約）が契約の認証から決済まで自動でおこなうようになり、その結果、多くの書類作成や記録保管の手間が省かれることになるだろう。

2 引受業務と価格設定——多くの大手保険会社に以前からあった競争優位の核心は、より有利な価格設定を可能にする巨大データベースに、彼らだけがアクセスできることだった。ところが、同じく巨大な、ネットワークでつながった（かなり幅広く利用できる）データベースが出現し、それに人工知能が加わると、手作業による引受業務もそのプロセスにまつわる深い専門知識も（例外的なケースを除けば）まったく必要なくなってしまった。さらに、（近似値ではなく）実際のデータにもとづいて判断されることが増えるにつれて、学士号以上の学位取得者や特定の専門職経験者のような選りすぐりの代理人も出番を失い始めている。

3 請求——プログレッシブ（Progressive）のような保険会社は、何年もの間、リアルタイムの請求処理と保険金支払いを目指して少しずつ業務改善を進めてきたが、こうした動きを加速させるのが、広範に普及した低コストの先進テクノロジーである。さらにセンサーやドローン、それに強力なスマートフォンが、保険会社が呼ぶところの「ファースト・ノーティス・オブ・ロス」（FNOL）（訳注：「最初の損失通知」。被保険者が損害を受けた後に保険会社に通知される最初の報告書のこと）を劇的に変えるだろう。しかも保険会社が支払うべき額がアルゴリズムによって即座に算出され、その瞬間から決裁までの処理は極めて円滑に進められるようになる。

保険事業に携わっている人なら、当然、このビジネスモデル変革の到来に備えようと何らかの行動を起こしたくなるだろう。しかし、そのまま行動を起こすと厄介なことになる。転換の最初期には、変化のシグナルが極度に強いために、組織としての対応を安易に（ときには、高くつくコンサルタントの助言に従って）決め、資金と資源をデジタル技術の開発に一気に注ぎ込み始めることがよくある。

残念ながら、これは（ほぼ例外なく）判断ミスである。シグナルがどれほど強くても、その変化の性質とマグニチュードについては、依然として相当量の不確定要素があるからだ。もちろん、必要なのは行動を起こすこととプランニングだが、ここで何よりも実行しなければならないのは、仮説指向のアプローチを使った「学ぶためのプランニング」である。

それは「決断」ではない。「憶測」だ

デジタル化を推進する壮大な計画の立ち上げには、大がかりで野心的な他のイノベーションとの明らかな類似性がある。その特徴とは、意思決定者が確固たる事実なしで見通しを立てなければならないことだ。ともかく早急に決断を下す必要があるらしいが、そのコンテクストが不確かであるために、彼らの判断が正しいと保証するのが難しい。

この極めて不確かなコンテクストでは、それは決断というよりも憶測に近いものだろう。こうした「意思決定」にもとづいて運営される組織が、いずれ最悪の下方スパイラルにおちいるのは間違いない。

意思決定者は予測にもとづいて行動計画を立てる。その結果に関する情報が集まり始めると、ときには当初の予測が誤っていたことに気づく場合もある。それでもなお、すでに個人的な資産と（多くの場合）組織の資産を投入ずみであるために、意思決定者は当初の方針を変えるどころか、ますます必死になって推し進めようとする。こうした事態は、プロジェクトが絶対にうまくいかないことが明白になるまで延々と続く――誰かが勇気を出して打ち切りを決めるまで。

不運なことに、このように失敗に終わったプロジェクトから私たちは教訓を学べないことが多い。即座に、そのトピックは討論の対象として不適当と見なされ、それに関わったメインプレイヤーたちは姿をくらまし、残っている者もいっせいに「初めからなかったこと」のように振る舞い始めるからだ。

これはビジネス書の執筆者にとって相当もどかしい話である。なにしろ、そうした失敗から教訓を引き出したくてうずうずしているのだから。

けれども実は、ある程度の公開資料がわずかながらも生き残っていることもある。その１つ、ＢＢＣデジタル・メディア・イニシアティブ——最終的に何の成果も得られないまま、組織に９８００万ポンド以上の財政負担をかけたプロジェクト——について考えてみよう。

ＢＢＣデジタル・メディア・イニシアティブの例

１９９０年代後半に現れたオンデマンドのニュースやエンターテインメントの明らかな兆候については、すでにネットフリックスの事例を挙げて考察したとおりだ。実際、すでに２０００年の時点で、ビデオ・オン・デマンドのような技術がメディア消費に変革をもたらすだろうことは、ハーバードビジネススクールのケーススライティング担当者たちの目にも明らかだった。

イギリスの公共放送ＢＢＣには、この迫り来る転換点に何らかの対応策を講じたいとの強い願望があった。その結果として２００８年に生まれたのが、デジタル・メディア・イニシアティブ（ＤＭＩ）というプロジェクトだ。当初の狙いは、「完全にテープレスの」デジタル映像制作のワークフローを創出することだった。このプロジェクトの対外的な顔役を務めたのは、同社の技術ディレクター、アシュリー・ハイフィールドだ。ＢＢＣの監督機関であるＢＢＣトラストは、このプロジェクト発足を承認し、８１００万ポンドという莫大な資金を拠出。ＢＢＣに以前から技術提供をおこなっていた民間企業シーメンス（Siemens）が本プロジェクトの請負業者として選ばれ、さらにデロイト（Deloitte）からのコンサルタント支援も受けることとなった。

ちなみに、元々の計画では総計９９６０万ポンドの利益が見込まれていたという。当時、ある技術パートナーはこう説明している。「ＤＭＩは、ＢＢＣがオン・デマンドとマルチプラットフォームといったデジタル環境に対応するために、また、コスト効果の高い新たな配信サービスに向けて再利用可能な基盤を提供するために、全社を挙げて取り組むプロジェクトだ」

何のために〝これ〟をするのか

後から振り返ると非常に明白な事柄がいくつかある。それらはすべて、検証されていない予測にもとづくものだった。それを１つずつ順に解説しよう。まず、第１の未検証予測は、このプログラムは効率性を重視した比較的単純な作業プロジェクトとしてアプローチされるというものだった。ところが現実には、処理ワークフローにそれほど劇的な変化があれば、抜本的なビジネスモデルの変革が必要になるのは当然だ。つまり、組織の中核ワークフローまで手を伸ばして変革しないかぎり、このプロジェクトが成功することはあり得ないのだ。要するに、その抜本的な改革によって、初めてこの新たな技術導入に必要な——再編成したマネジメント体制を含む——環境をつくり出すことができるということである。

シーメンスとの委託契約は、規定の納入物に対して規定の価格を支払うという固定価格制にもとづいていた。こうした契約が定められるのは、元来、作業内容やその結果に求められるものが明らかな場合である。ユーザーの立場から言えば、（この契約では）シーメンスが具体的に何をしているかを——根掘り葉掘り——ＢＢＣから質問することは難しくなる。こうした干渉は、ともすると固定価格の意図を否定するものと解釈されかねないからだ。

シーメンスの立場から言えば、（この契約によって）ＩＴ関連の大プロジェクトが失敗する（昔からお馴染みの）道理を再び持ち込まれたも同然だった。つまり、ＩＴ業者はユーザーの求めるものを提供せず、一方、その業者はユーザーの心変わりと不明瞭な発注内容を責め立てるというものだ。これはまさに、確かなものがないところで確かな予測を立てようとする兆候である。

ＢＢＣが最初におこなったブリーフィングには、思わず息をのむほど数多くの下位プロジェクトが盛り込まれていた。その１つ、新たな《メディア・インジェスト・システム》は、

ＢＢＣのエコシステムがコンテンツをどう取り入れるかを変えていくことを目指していた。これは新しいメディア資産管理システムによって補完されるものであり、そのシステムが将来のオーディオ、ビデオ、スチールを含むさまざまなコンテンツを管理するはずだった。ストーリーボード制作も、従来の手作業ではなく、オンラインでおこなわれることになった。

つまり、ＢＢＣの映像素材をすべてデジタル化し、統合されたデータベースのもとで、映像の制作・管理・保存・移動を一括しておこなうシステムを構築しようとしていたのだ。ところで、ＢＢＣのプロジェクトチームは競争入札に付さずに委託契約を取り交わしていた。そして、主要業者であるシーメンスと他の委託業者との間には、（ある観察者によると）「隔たり」があったという。

「社運を賭けたプロジェクト」は失敗する

このことから、私たちは第2の未検証予測に行き着く。その内容は、これらのデジタル化プロジェクトをすべて一気に実行するのがＢＢＣにとって不可欠であり、また、ＢＢＣにはその受け皿があるということだ。

これは特に危険な考え方だった。低レベルのデジタル技術しか備えていない組織であれば、小さなことから始めて、ゆっくりと年月をかけて必要な能力を培うほうがはるかに理にかなっている。アグレッシブに一大プロジェクトに取りかかり、そこに初めから全資産を投入するなど、大惨事への道を突き進むようなものだ。仮にプロジェクトがうまくいったとしても、それに見合った新たなワークフローを組織自体が開発することも、実行することもできないはずだ。

もう１つ、これによって解明されるのは、組織がいわゆる「ウォーターフォール・モデル」（訳注：比較的新しいスパイラル・モデルとは対照的に、製品製造プロセスのようにいくつかの工程に分けたトップダウン方式による大規模ソフトウェア開発の手法を指す）を完全に新しい市場コンテクストに応用できるという誤った考え方である。これらの新旧のモデルの違いもわからない外部業者を採用したことは、ＢＢＣのプロジェクト構想が有利に働かなかったということだ。

第３の未検証予測は最高幹部によって立てられたもので、ＢＢＣは——これほど複雑なシステムの設計と実施であっても——安全に委託業者を選んで一任することができるという内容だった。仮説指向アプローチであれば、このプロジェクトは全過程を通じて価値証明を提供するという形態をとりながら推進されたことだろう。

この仮説指向アプローチには簡潔なチェックポイントも組み込まれているので、各チェックポイントでプロジェクトが完成までの具体的な仮説が検証され、さらに、進路修正も必要に応じて実施されたはずだ。しかし見たところ、ＤＭＩプロジェクトには最高幹部や技術スタッフを結合させる効果的な運営管理プロセスも、定期的にプロジェクトを再検討する機会もなかったようだ。

「重大な情報を持っている人」に発言権がない

現場で何か起きたら、そこにいる人がアラームを鳴らし、それが最高幹部の耳に届く。そうした基本的なメカニズムが、DMIとその周辺には整備されていなかった——ある観察者はこう指摘する。「どうやら、現場のスタッフには発言権を与えないという企業文化が確立していたようだ。そのためにプロジェクトについての不安を上層部にフィードバックできず、ただ個人的に話題にしていただけだった」

翌2009年9月、BBCはシーメンスとの委託契約を解き、社内チームが開発にあたることとなった。

このプロジェクトから得られた教訓は苦々しいものだ。プロジェクトの見直しについてはイギリス議会でも討議され、そもそも当初からさまざまな知識に関しての予測がいっさい立てられていなかったことが明らかになった。イギリスの批評家のなかには、このように結論づけた者もいる。「シーメンスが最初に確信していたよりも、そのプログラム開発ははるかに困難だということが判明したのだ。それに、シーメンスはＢＢＣの操業スタイルについても十分な知識を得ていなかった。ＢＢＣ自体も、シーメンスの設計・開発能力についてわかっていたのはほんの少しだった」

「今さら手遅れです」

ＢＢＣの内部チームによるプロジェクト推進が決まると、担当スタッフは異なるアプローチを取り入れることにした。ユーザーと技術者との共同作業を通じて短期間に肯定的な結果を出すために、いくつかの「機敏な」方法を使ったのだ――まさに仮説指向アプローチに沿うような方法を。しかし今さらこれだけではどうにもならず、結局は手遅れということが判明した。ＢＢＣの事業本部長ドミニク・コールズは、２０１２年10月にプロジェクトの一時中断を、翌年に全面停止を決定した。プロジェクトの進捗について、彼は次のように述べている。

> デジタル技術はすさまじいペースで変化している。ＢＢＣのビジネスと制作業務に欠かせない技術も刻々と変わり、また、5年前には存在すらしていなかったデジタル制作ツールが、いつでも簡単に手に入るようにもなっている。ＢＢＣのプログラムから出される無数の要求

に応じられるような、野心的で技術的に複雑なソリューションを開発するのは、予想していたよりはるかに困難だということがわかったのだ。……結局、プロジェクト完成の目途はまったく立たず、これまでにかかった経費が9840万ポンドになったこの段階で、プロジェクトを全面的に断念せざるを得なくなった。経費がこれほどまでに膨れ上がったのは、開発されたソフトウェアとハードウェアのほとんどがプロジェクトの完成後にしか価値を生まず、もうこれ以上の経費をかけることが我々にはできなくなったからだ。

仮説指向型マインドセットならば、価値は開発サイクルの――最終段階だけではなく――全過程で生み出される。他の種類のイノベーションプロジェクトにも言えることだが、システム開発が完了するまでいっさいの価値は発生しないことを前提にするのは極めて危険である。

このBBCの事例を、同じく大規模なデジタル基盤構築の取り組み――デジタル技術をガン診療の分野に導入しようという試み――と対比してみよう。私としては、仮説指向アプローチを使うことにより、極めて不確かなコンテクストのなかでも成功の可能性がはるかに高まることを実証できればと思っている。

医療データにおけるビジネスモデル

２０１５年、合衆国副大統領（当時）ジョー・バイデンの息子ボーが脳腫瘍のために死去した。その後、バイデンは息子の病を治療するために設計された医療システムを理解しようと努める。そして恐怖に襲われた。２０１８年、彼はアメリカ科学振興協会での演説のなかで「恐ろしく、複雑で、深刻な問題だ。にもかかわらず、今までずっとないがしろにされてきた」と述べた。

システム内の異なる部分は接続されていなかったし、データは個別のファイルに保管されていた。そのうえ、患者の助けになるはずの情報が医師たちの間で共有されていなかった。疾患に対処する方策の目覚ましい発展に反して、医療システムにある数々の深刻な不備は放置されていたのだ。

２０１６年、バラク・オバマ大統領の指示を受け、バイデンはがん治療の進歩を加速させることを目的とする《全米がん・ムーンショット》（National Cancer Moonshot）を発足。そしてがん診療の分野に、意図的に転換点を引き起こすと表明した。《がんムーンショット》は、連邦政府と民間セクターで幅広くおこなわれている活動の基軸となり、あらゆる関係者を結びつける役割を担っていくものとして誕生したのだ。

ほぼ同じ時期に、アメリカ連邦議会は「21世紀の治療に関する法律」（21st Century Cures Act）を可決。この新法成立により、ＦＤＡ（食品医薬品局）は治験データ以外のデータを使っての薬剤承認を許可することとなった（製薬業界の一部から批判を浴びることにはなったが）。

こうしたことすべてが、これまで本書で語ってきた内容の裏付けとなる。《がんムーンショット》の発表、新たなＦＤＡ規定、転換点を創出するという意思表明――変革の時が迫っているのは明らかだ。弱かったシグナルは、より強いシグナルに変わった。アリーナ全体がチャンスに満ちあふれている。システム全体を通じての新たな共同戦術が、はっきりと求められている。今のところは順調だ。

ここに登場した意外なプレイヤーが、データ科学ソフトウェア企業のフラットアイアン・ヘルス（Flatiron Health）だ。医療システムに起きる転換点の恩恵を受けるために、同社は仮説指向の旅を始める。フラットアイアンを創業した2名の若者は、起業家精神にあふれた思考原理を具体化すべく、絶好の機会を見つけたら適切なタイミングで資本を投下しようと狙っていた。だから必然的に曲がり角の先を見通せるようになるわけだが、まずは少しばかり同社のバックグラウンドを見てみよう。

ヘビの飼育から広告ソフトウェア企業への転身

２０１２年に共同でフラットアイアン・ヘルス（Flatiron Health）を創設したとき、ナット・ターナーとその長年のビジネスパートナー、ザック・ウェインバーグの両名は、誰もが普通に思い描く20代の若者とはいくらか違っていた。ターナーは、24歳のときに自身初の企業インバイト・メディア（Invite Media）をグーグルに８１００万ドルで売却している。２０１０年のことだ。そして２０１８年に、２社目のフラットアイアン・ヘルスを製薬大手のロシュ（Roche）に約20億ドルで売却したとき、彼は32歳だった。

実を言えば、ターナーもウェインバーグも、以前からヘルスケアに特別な関心があったわけではない。それどころか、ターナーのそれまでのビジネスは単なる趣味として始まり、しだいに現金収入につながる組織へと変わっていっただけのことだ。ちなみに、それらのビジネスは、フードデリバリーからウェブデザイン、そして例の爬虫類ブリーディングまで多種多様だったという。ターナーが自身のインターネット志向に気づいたのは、爬虫類ブリーディング会社を営んでいるときだった。本人の説明によると、彼が自分のビジネスのためにウェブサイトをつくったら、他のブリーダーたちが気に入って、似たようなのをつくってほしいと言い出したのだそうだ。

ターナーとウェインバーグが創業したインバイト・メディアは、アリーナを基本とする思考と、仮説指向型の学びを実地に活かした事例といえるだろう。広告関連の事業をやってみようと発想したのは、2人が（ウォートン校の援助のもとに）ビデオ・エッグ（現在のセイ・メディア）という会社でインターンとして働いているときだったという。創業後しばらく経ってからターナーは、フィナンシャル・ポスト紙にこう語っている。

「テクノロジーの複雑さと導入の難しさから、オンライン広告がめちゃくちゃになっていることに僕らは気づいていた。……最初にインバイト・メディアを始動させたのは、そういう観察から何か新しい対策を見つけ出せるだろうし、それとやっぱりビッグビジネスを立ち上げようと思ったからだ」

注目すべきは、2人が最初に1つの広いアリーナ（オンライン広告）を定義づけて、それから、その環境のなかで必須のジョブを完了させるのに人々が苦労している問題も定義づけたことだ。これによって、成長を期待できる新たなビジネスの基礎が形成されたのである。

仮説指向計画法で最初におこなうのは、どうなれば成功と見なすかを決めること、つまり、成功を予測するのではなく、潜在している将来の利点がどういうものかを大まかにつかむことだ。ターナーとウェインバーグは、将来的に自分たちの企業をとりまく可能性のあるアリーナを綿密に描き出すことから始めた——彼らが呼ぶところの「ドル・フロー」（dollar flow）をチャート化することによって。ちなみに、こうしたアプローチは、本書の3章で提起した資源プールの発想とよく似ている。2人はその後、広告ビジネス界のさまざまなプレイヤーによって、広告主と視聴者のマッチングがどれほど不適切かを調査した。事業開始について、ターナーは次のように説明している。

僕らのビジネスは、いわば「ビデオ広告ネットワーク」として始まった。ユーチューブの共同創設者たちがその発足準備をしていた頃、彼らと僕ら2人は会って話をする機会があった。そこで知ったのが、彼らには巨大な動画投稿サイトを作るというアイデアがあることだった。僕らの目に、延々と続く動画リストが目に浮かんだ——無数の視聴者たちの姿も。そうして僕らは『それに対する広告がまったくない』と思い至った。僕がそのころ勤めていたビデオエッグという会社では、1日かそこら（か、もしかすると1カ月）につき5億回ものビデオ再生があったが、まったく利益が上がっていなかった。これらのビデオを提供するのに50万ドルのコストがかかっていたのに、とにかく広告を載せる方法がなかったのだ。

「インバイト」という名前は、実は僕らがユニットをつくりたかったことに由来している。それはパッと飛び出てくる広告ユニットで、たとえばＴＮＴ（テレビのチャンネル）でバスケットボールの試合を観戦しているときに、画面の左下に飛び出てくる新しいテレビ番組の予告編みたいなものだ。人々を何か視聴するものにインバイト（招待）したり、何かの活動にインバイトしたりするからだ。

彼の説明によると、2人のビジネスアイデアは「率直に言って、ひどいものだった」らしい。しばらくして彼らはビジネスの方向性を変え、フェイスブック広告を扱ったが、それもうまくいかなかったという。最終的に気づいたのは、市場にギャップがあるために、広告主は広告に適した動画コンテンツを特定できないということだった。そこから2人は、広告スペースの収益化を可能にするプログラムづくりに乗り出したというわけだ。

2人の次なるアイデアは、電子技術による広告の交換を実現することだった。このアイデアは有望そうに見えたが、（ターナーが言うには）会社が広告代理店ベースのモデルに「変身」してしまった。「この領域を探索してみよう」という漠然とした思いが「これなら、きっとうまくいく。スタッフを雇って画期的なものをつくろう」との明確な意気込みに変わるまで、1年半かかったという。彼の記憶によると、その1年半の間、投資家たちはとても不安がっていたらしい。なかには、ターナーとウェインバーグから新しい構想を聞くたびに、それを「本日のアイデア」と皮肉る投資家もいたという。

最後のピボットは、関連するウェブコンテンツに対して広告を載せるために、広告代理店と提携することだった。いずれインバイト・メディアがグーグルに売却することになるプロダクトは、ビッド・マネジャー（Bid Manager）と呼ばれるものだ。こうして、ターナーとウェインバーグは世界初のディスプレーメディア購入プラットフォームを開設したのである。それ以降、彼らのプラットフォームは、インターネット広告に支えられたエコシステムのなかで不可欠な役割を果たしている。

賛否両論が交錯するなか、２０１０年に、グーグルはこの（誕生して3年しか経っていない）企業を８１００万ドルで買収。新たな技術を自社の《ダブルクリック》サービスと統合させるべく、その若き共同創業者2名を取締役として迎え入れた。ところが当の2人は、この仕事が長期に及ぶものではないことを自覚していたので、次なる好機になり得る新たなビジネスアイデアを探り始める。

インバイト・メディアという成功実績を上げた2人には、信頼性も資金力も、それに将来の従業員を惹きつける魅力もあった。アイデアを得るために、まずターナーとウェインバーグはエンジェル投資に携わることにした――後に、ターナーがこう語っている。

「あれは結局、僕らのわがままだった。それは認めるしかない。ザックと僕は、あのスタートアップの起業家たちと関わり合ったおかげで多くを学び、そこから得た洞察をヘルスケア事業に活かすことができたと思っている」

新たな展望を見出すために――未来についての単一の視点にコミットするのではなく――

あくまでも小さな投資をおこなったことに改めて注目してほしい。フラットアイアン創業への道は、ここから始まったと言っていいだろう。

「1日20人」に会って学ぶ

ゆくゆくはフラットアイアン・ヘルスとなる会社を2人が設立したきっかけは、実は個人的なことだった。ターナーの幼い従弟が、小児白血病と診断されたのだ。その子の父親は、ターナーとウェインバーグにこう話したという。「毎年、200～300人の子どもがこの病気にかかるそうだ——どんな薬品が使われているのか、どんな薬品が効くのか——私には情報が何ひとつ得られない」

実際に、誤診、移動のためのタイムロスなど、従弟の診療とケアには多くの問題点があった。

2人は従弟の父親からの単純な質問を受けて、それまで検討していた他のすべての医療関連アイデア（保険、医療過誤の対策など）を捨て、がん患者のために、治療システムを通じた全データフローを実現できる医療データ・プラットフォーム構築のアイデア1本に集中することに決めた。彼ら2人に共通する性質は、たゆまぬ好奇心だ。

後に、ターナーはこう語った。「僕らは100万もの問いかけをする。とにかく知りたいのは、『なぜ、それはそういうふうなのか』ということ」

フラットアイアンを立ち上げた洞察は、２つの世界——デジタル技術と医療技術——を結びつければ、あらゆる治療体験に対する異なる見方を創出できるかも知れないというものだった。この2人の起業家は、しばらくの間、こうしたアイデアに「取りつかれた」かのように、医師たちの後をついて回り、「１日に20人」のペースで人と会い、できるだけ多くのことを学ぼうとしたという。他の起業家志望の人々に向けてターナーが提供している次のガイダンスのなかで、何よりも強調されているのは学ぶことの重要性だ。

業界内のできるだけ多くの人たちに会うことをターナーは勧めている。彼はウェインバーグとともに、フラットアイアンを立ち上げる前に少なくとも５００名の人々と会った。「メモを取って、アイデアとプロトタイプを説明し、たくさんの人に僕らのアイデアを知ってもらった。医師、病院管理者、保険会社、診療所などだ——彼らから早くフィードバックを受け取るためにね」

ターナーとウェインバーグが気づいたように、医学の専門家たちに頼っていては、ソフトウェア問題の解決策を見出すことはできないだろう。フラットアイアンが創出したのは、体系化されたデータと体系化されていないデータの両方を（地域にある数々の）がん専門医院から取り込む機能だ。こうしてデータを集積し活用すれば、正確な診断と有効な治療につながる精密な分析も、さらに、情報にあるパターンの発見も可能になる。

フラットアイアンは、医療健康電子記録から得られるデータが治験データとともに薬剤承認に使用できるというＦＤＡの規制緩和から恩恵を受けている企業の１つだ。ＦＤＡ長官のスコット・ゴットリーブ博士が、２０１９年のスピーチでこう述べている。

「デジタル技術は、これまで以上に効果があり、さらに患者にフォーカスした医療を実現するために、我々が現在手にしているもっとも有望なツールの１つだ。これは決して、医薬品承認への従来の規制基準を全面的に非難するものではない。新たなアプローチとテクノロジーが、より信頼の置ける医学的判断を下すために我々が使える証拠データの拡大に役立つことを共通認識にしようと言っているのだ」

ＦＤＡに関するもう１つ大きな問題は、多くの場合、実際の治験が無作為に選ばれた対象者におこなわれないことだ。つまり、選ばれた被験者たちのデータが偏った結果になる場合があり得るということである。今ではフラットアイアンの技術によって、以前よりも細かく適切な情報をもとにしたアプローチが可能になっている。２０１８年にロシュに買収された同社は、みずから「規制グレード」情報と呼ぶデータの分析を追究していく構えだ。

たとえば、２０１８年に、ファイザー（Pfizer）とフラットアイアンは乳がん学会にエビデンスを提出し、フラットアイアンの患者から成るコーホート（観察対象の集団）から得たデータが、ある先進的な研究のコントロールグループの患者たち——つまり、治療をまだ受けていない患者たち——から得たデータと一致していることを示した。

興味深いのは、有望視される治療を受けていない患者グループに将来的に起きることを示す（信頼性の高い）データが、もしデータベースから獲得できるとしたら、おそらく無作為に患者を選んで治療を施すかどうかを決めることは必要ではなくなるというアイデアだ。

要するに、このアイデアが実現すれば、すべての治験参加者が有望な治療を受けられるようになり、そのうえ、臨床試験を実行するコストを減らすことも可能になるということだ。

起業家はどのように先を見越すのか

ターナーとウェインバーグの物語には、先を見越すことができる優秀な起業家たちと多くの類似点がある。なかでも、私がすでに何年かかけて研究している「常習的な」起業家たち——多くの事業を立ち上げた経験のある起業家たち——と相通じるものがあるようだ。彼らが研究対象として特に貴重なのは、あれだけ何度もくり返しビジネスを成功させるところを見ると、単に幸運の星のもとに生まれついただけとは考えにくいからだ。おそらく、共通してもっているのは運ではなく、多くの情報を集め、パターンを見抜き、仮説を検証し、そして資源をまとめる方法なのだろう。

彼らは巨大にして無駄のないネットワークをもち、それを活用してアイデアとソリューションを生み出している。我が同僚、イアン・マクミランは、これを「ウェビング」（webbing）と呼ぶ。いずれにしても、常習的な起業家はたゆまぬ努力で他者とつながりをもとうとするのだ——とりわけ、自分とは守備範囲の違う人たちと。また、彼らは旺盛な好奇心ももっている。あまりにもその性質が染みついていて、本人の自覚がともなわないこともあるようだが、とにかく物事の機能するしくみに対して並々ならぬ興味を抱くのだ。

また、彼らは才覚に富んでもいる。マクミランが好んで言うのが、仮説の正しさを立証するために彼らは「想像力を費やす」ということ——金銭を費やして正解を見つけるのではなく。

さらに、迅速に行動し、新情報が入って来ると恐れずに進路を変えるのも彼らに共通している。それともう1つ、目にしているものに、あるパターンを見つけようとするところもある。サービスの行き届いていない箇所はないだろうか？　まだ満たされていないニーズはあるか？　主要ステークホルダーが、あえて回避しているプロセスは？　余剰領域はあるか？　不足は？

いわゆるシリアル・アントレプレナー（連続起業家）の1人、スティーブ・ブランクについて考えてみよう。彼はコロンビア大学での私の同僚であり、スタートアップ界のレジェンドでもある。これまでに4社をＩＰＯ（新規株式公開）へと導き、さらにメンターとして多くの企業に助言を与えている。スティーブによると、好機を見出すために起業家は絶えず好奇心をもち、他の誰も気づかないパターンに気づかなければならないという。その方法は、彼流に言うと「みずから出向くこと」だ。アイデアを実証するためには「オフィスビルの外へ出ること」、そして、イノベーションがいかに顧客の人生を変え得るかを学び取ることが必要だと彼は説く。これを、彼自身は「顧客開発」と呼んでいる。

アイデアを市場に持ち込んだ後は——スティーブが呼ぶところの「ビルド」（build）段階で——新情報が常に適応行動を要求するようになる。そうして最終的に、シリアル・アントレプレナーにとって楽しいのは新たなビジネスを興すことであって、かならずしも経営することではないと思いいたるのだという。

つまり、くり返し使えるスケール可能なビジネスモデルを見つけるのがアントレプレナーの醍醐味だということだ。それでも、そうした起業家たちは新たな事業に乗り出すとき、途方もない量の価値を残していくことができる。スティーブ自身がこう語っている。

「僕は何もかも大好きだった——それぞれが大きくなるまでは。僕の仕事が最高に楽しいのは、探索から『ビルド』開始期までなんだ。自分自身が人事部のような気分になり始めたら、そろそろ立ち去る潮時だとわかる。最後から2番目の会社で、僕はまず３５００万ドルを失い、それから１２００万ドルを稼ぎ、最終的にそれぞれの投資家に10億ドルを超える額を返した。こういう類いの〝失敗〟は、起業家集団では別の言葉で言い表されることが多い。〝経験〟だ」

いち早く学ぶためのプランを立てるというのは、シリアル・アントレプレナーとしての成功者たちがほとんど本能的におこなっていることだ。だから私たちも心がけしだいで同じことができそうなものだが、実は、そうするには今までとは違うマインドセットをもってプランニングに向かう必要がある。

「問題に惚れ込め……1つのソリューションにではなく」

今ではすっかりお馴染みのこの言葉を私が初めて聞いたのは、カーレン・ハンソンがコロンビア大学ビジネススクールＢＲＩＴＥカンファランスで講演をしたときだった。当時、彼女はイントゥイット（Intuit）のイノベーション担当副社長を務めていた。この言葉に込められた英知を理解する人は多いかも知れないが、それを忘れずに実行するのは容易でない。とりわけ、昔ながらのプランニングに焦点を絞っている組織で実行するのは難しいことだろう。

こういう場合に組織の人々がよく犯す間違いは、自分たちの求めている結果を特定のソリューションに結びつけようとすることだ。もちろん、望ましい結果を適切に特定するというのは何ら不可能なことではない。しかし、そこに到達するための最善の方策については完全に見誤ることのほうが多いのだ。

たとえば、プロクター＆ギャンブル（P＆G）は当初、化学的浄水剤ピュア（PUR）の商品化を目指していた。この薬品は宣伝されたとおりの浄水効果を発揮したが、商業用プロダクトとしては失敗に終わった。ターゲット顧客を、「乏しい資源と引き換えにしてまで、安全な飲料水を求める人たち」というふうに条件づけていなかったからだ。そのうえ、この薬品を使うには、まず消費者の行動を変える必要があったため、商品として軌道に乗せるのに途方もない時間がかかった。そして２００４年、同社はこのプロダクトを全面的に打ち切ることを検討する。

グレッグ・オールグッド（当時のP＆G上級取締役）はピュアの熱烈な信奉者として、この浄水剤を必要としている人々に何とか別の形で届けられないものかと、新たな手立てを探っていた。すると偶然にも、ちょうどこの頃に東南アジアが巨大な津波に襲われ、P＆Gは３００万ドルを超える救援物資を被災地域に送った。その物資に含まれていたのが、１３００万袋のピュアだ。オールグッドによると、この経験が同プロダクトのビジネスモデルにおける転機になったという。一般消費者向け商品としてではなく、社会的なベンチャー事業の1つとして扱うことに切り替えたのだ。

P&Gは国際的な支援団体と提携し、それらの団体は同プロダクトに対して原価回収基準額を支払い、世界各地に無料で配送することが決まった。さらに、このモデルにより、P&Gは広報活動の大鉱脈を掘り当てたも同然だった。このプロダクトを通じて、新たに形成されつつあるマーケットの消費者動向をいち早く理解できるようになり、そのうえ、政府や非営利団体などの戦略的パートナーとの討論の場でも強力な発言力を行使できる立場になったということだ。

やがてP&Gは、浄水に関連する他の計画についてはすべて売却したが、ピュアだけは(そのブランド名も含めて)手放さなかった。これで明確になるのが、初めから何が最善のソリューションかを突き止めていなくても、「完了すべきジョブ」の基本的な部分は実行できるということだ。

「成功の形」をクリアに定義する

仮説指向計画法の演習を始めるために、まず何が特定の計画に価値をもたらすかを明確にしよう。これは財務や数字との関連で表すことも、また、ビジネスチャンスや組織拡大との関連で表すこともできるだろう。すでに触れたとおり、フラットアイアン・ヘルスの共同創業者たちは、まだ適切に解決されていない大問題を探していた——基本的に、ナシーム・ニコラス・タレブの「不確実性が機会のいい面を増やすとき、それが価値ある機会を創出することも可能になる」という助言に従うということだ。

次のステップは、その計画に現実性があるかどうかを比較検討する際の基準を具体的に決めることだ。その後で、それを実現するために物事が（経営上）どのようになされる必要があるかを詳細に定める。これを実際にやってみれば、どこかの段階で自分が極めて多くの仮説を立てていることに気づくはずだ。それらをすべて書き出し、その後、その正当性をどう立証できるのか、あるいは逆に、どうすれば否定できるのかを考えよう。

これらを１つに統合し、決定的に重要な学びの瞬間——私が呼ぶところの「チェックポイント」——ごとに計画を練り直していく。

仮説指向計画法が従来の計画法と一線を画すのは、まさにここだ。チェックポイントは、自然に起きる出来事かもしれないし、実験の一部かもしれない。どのような場合であれ、これらのチェックポイントを素早く通過することが、戦略的な転換点に直面している組織の結束力を高めるカギになるだろう。

仮説指向計画法は、転換点が引き起こした変化によって（意思決定者の直面する）不確実性が増している状況下でその効果をよく発揮する。おそらく、組織の基本構造や規律、それに慎重な資源利用につながるものになるだろう。

「仮説指向型」で思考する

この方法論がハイテク系スタートアップや他の大規模事業イニシアティブにだけ当てはまると誤解されることのないように、その思考プロセスを細かく見てみよう。具体的な手段として、キックスターター（Kickstarter＝クラウドファンディング・プラットフォーム）で私が遭遇した実際のプロジェクトが、どういう進化を遂げたかについて考察してみたい。

おもちゃ産業に起きた転換点の影響力も大きく、これまでに何百もの小売業者が閉店を余儀なくされている。ターゲットやウォルマートなどの大型量販店で玩具が販売され始めたことや、以前よりも早くおもちゃ遊びを卒業する子どもが増えていること、さらに、若年層の間で映像エンターテインメントの人気が高まっていることが追い打ちをかけているようだ。数多くの大ヒット映画とのタイアップで巨大企業に成長した、あのトイザらスさえも、２０１８年に合衆国内の全店舗を閉鎖した。

さらに、おもちゃ業界はデジタル革命のあおりも受けているようだ。近年、多くの革新的なスタートアップやマテル（Mattel）のような既存企業数社が、いっせいにデジタルコンポーネントを自社の玩具に加え始めている。

ここで１つの実在するプロダクトについて考えてみよう。このプロダクトを産んだのは、物理的な玩具の特性と先進デジタル技術との融合を目指す開発チームである。プロダクトの名前は「オクトボ」（Octobo）、開発・制作したのはシンカー・ティンカー（Thinker-Tinker）だ。オクトボは、一見するとぬいぐるみのようなビロード玩具だが、数々のセンサーや特殊なタブレットを内蔵しており、触られたり動かされたりするとユニークな反応をするだけでなく、子どもたちとの接触から学習する能力もある。

開発者たちが思い描いていたのは、この玩具を通して教育的でインタラクティブな体験を子どもたち（と親たち）に提供することと、さらに、子どもたちとともに「成長し、発達する」おもちゃを——つまり、基本的にアップグレード可能な玩具を——実現することだった。

同プロジェクトは、「オープン・アイディオ」（OpenIDEO）賞を獲得し、その進化の過程は、受賞の際にシンカー・ティンカーの創業者ユウティン・スーによって提出された文章のなかで大まかに語られている。それによると、彼女はオクトボを「プラッシュ・コンパニオン・ロボット」（訳注：「プラッシュ」はビロードに似た滑らかな布地のこと）と呼び、妊娠中にこのビジネスを思いついたが、もともとは、南カリフォルニア大学在学中の２０１５年に執筆した（ゲーム及びインタラクティブ・メディア設計に関する）修士論文の一部として同プランを開発したのだという。

彼女は、みずから解決しようとしていた問題について次のように語っている。

> 今日の玩具や教育ツールは、幼い子どもたちに安全で魅力的な学習の機会を与えられないでいる。子どもたちは急速に発達するのに、玩具は子どもの学習曲線についていけないことが多く、そのために限られた使用価値しか持たない。一方、テクノロジーを統合した既存の玩具の大半は、実のところ、家族や友だちと過ごす時間や本を読む時間まで奪うという点で、子どもたちの心身の発達に悪影響を与えている。こうした状況を見れば、子どもとともに成長していけるオクトボは、子どもたちを取り巻くさまざまな問題を解決できるデジタル技術の能力を示す好例と言えるだろう。

スーが直感的に気づいたもの——そして、彼女のすぐ目の前の角を曲がった先に見えたもの——は、１つのギャップだった。従来のおもちゃには１つか２つの用途しかなく、子どもたちはすぐに飽きたり、幼稚に感じたりする。

その一方で、デジタルインターフェースは、インタラクティブでもなく、より受動的なエンターテインメントを提供するだけなので、成長期の幼い子どもたちには不向きだ。きっと、親たちは——これまでのデジタルアプリでのゲーム依存ではなく——双方向の交流と学習を促進する玩具に夢中になる。そう、スーは確信した。

彼女のエウレカ・モーメント（ピンときた瞬間）は、「抱き心地のいいぬいぐるみでありながら、タブレットＰＣの双方向コミュニケーション能力を備えた魅力的なおもちゃ」を創造する方法を思いついたときに訪れた。

デジタル機器を避けられない現代の子どもたちには、物理的な世界で遊ぶ機会が十分に与えられていないとスーは感じていた。これは、突き詰めれば運動神経やその他の身体スキルの発達に悪影響を及ぼしかねない、と。２０１８年のインタビューで、彼女は「身体を使う遊びによって、私たちの手と目の協応運動の発達が促されます。同じく、一番小さな筋肉のトレーニングにもなります。そしてさまざまな触感の物体に実際に触れることにより、身体の知覚機能と学習能力は高まります。手ざわりのいい物体を通して、知的発達だけではなく身体的発達も促進できるのです」と話した。

オクトボとシンカー・ティンカーにとってはまだ草創期ではある（スーによれば、ジェットコースター並みの目まぐるしさ）が、こうしたデジタルとフィジカルの遊びの結合は、おそらく従来のおもちゃ産業に重大な転換点をもたらすに違いない。

参考のために、オクトボ開発プロジェクトが通過したチェックポイントの一部を列挙しておこう。

◆フェイスブック広告キャンペーン——潜在的なユーザーと顧客についてのデータを集めるために

◆発注できそうな製造業者の確定——プロジェクトの規模拡大に向けて

◆コンテンツ開発の段取りについて、社内制作にこだわらず、外部クリエイターのコミュニティとのつながりを利用すれば、開発がより急速に進む可能性があると判明

◆教育関係者を特定——コンテンツの専門性を高め、プロダクトのデザインを評価するために

◆成功の主要基準と、その計測方法を特定

◆試作品との大量の対話型コミュニケーション

これらのチェックポイントに表れているのは、プロジェクトチームによって立てられた数々の重要な仮説がそれぞれ検証される瞬間である。この検証というのは、チェックポイント通過後の選択肢を把握するために、この瞬間までに知り得た情報を使っておこなわれる。チームにとって次なる大きな不確定要素は、この先いかにして彼らが生産能力を大幅に伸ばしながら現在のクオリティを維持できるかである。

イノベーションに〝魔法〟はない

転換点をうまく利用するために、組織のリーダーは絶え間ないイノベーションの流れをつくり出す必要がある――衰えていく優位性に代わるものとして、また、さまざまな試練への対応策として。しかし残念ながら、多くの組織が未だに「イノベーション・シアター」（innovation theater）に取り組んでいる。つまり、機嫌をとるために口先だけで褒めたり喜ばせたりするばかりで、肝心の開発プロセスはなおざりにされ、企業レベルの実践も評価基準もその他の（イノベーションの運用にとって）必須の要素も欠けているのだ。おそらく、イノベーションを妨げる最大の作り話は、すべてはビッグ・アイデアから始まるというものだろう。「十分にいいアイデアをつかめ。そうすれば、あとは何もかも魔法のようにうまくいく」と言う人たちもいる。それはまったくの見当違いだ！

もちろんいいアイデアは貴重だが、最初にひらめいたアイデアがそのまま市場に持ち込まれることはめったにない。むしろ、1つのアイデアをゆっくりと温め、徐々に具体化しながら市場に出す準備を整え、それから最終的に（私が呼ぶところの）「加速度」をつけることが必要だ。仮説指向計画法は、こうしたプロセスを確実に進んで行くためのロードマップを提供している。

この章のキーポイント

迫り来る転換点の弱いシグナルがしだいに強くなるにつれて、それらに対して何をすべきかを探るのは当然だと思い始めるだろう。しかし、この時期はまだ事実にもとづく知識を十分に得ていないため、判断の大半を単なる予測に頼っている段階だ。したがって、進むべき最善の道は、仮説指向計画法に沿って、さまざまな予測を知識に変えていくことだ。単純に、自分の判断の正しさを証明しようとするのではない。

自分の判断の「正しさ」について、思い悩む必要はない。むしろ、その次のステップについて学ぶことに価値があるかどうかを考えるべきだ。

資金はどこから来るだろうか？　この努力を価値あるものにするために必要な資金が、そこに十分あるだろうか？

常習的な起業家たちは、日ごろからうまく先を見越すための行動をとっている。その最たるものが、多様ながらも無駄のない人脈の形成だ。こうした行動は、意識すれば誰にでも始められることだろう。

6
「硬直した組織」を活性化させる方法

大きなトレンドに気づくのはそれほど難しいことではない。
あちこちで散々話されたり、書かれたりするからね。
でも、妙なことに、
そういうトレンドを大規模な組織が受け入れるのは
難しいようだ。

ジェフ・ベゾス

マイクロソフトの最高幹部ミーティングの開始と同時に、会議室の正面スクリーンに「EMPATHY」（共感）という文字が映し出されるところを想像してほしい。同社とともに何らかの仕事をした経験のある人たちにとって、これは（控え目に言っても）ちょっとした驚きだろう。マイクロソフト3代目ＣＥＯのサティア・ナデラは、これこそが自社を変革するものだと堅く信じている——顧客に共感し、組織のメンバーも互いに共感し合うことで、心理的に安全で向上心に満ちた労働環境を築くことができる、と。

これは、（同社の内部構造を描いた）２０１１年の漫画のなかで冷ややかに風刺された、敵意むき出しの社風とは大違いだ（左図を参照）。

こうした印象を払拭したいとナデラは思っていた。そして、そのために組織をまるごと活性化し、未来について共通の意識をもつ職場に変えようと心に決めた。現ＣＥＯとして社風を一変させたナデラの功績は、メディアでも大いに称賛されたが、彼のアプローチの本当の威力は、同社のトップの地位にのぼり詰めるよりずっと前から発揮されていた。マイクロソフトに入社して以来、彼は一貫して、周囲の人々がもつパワー（能力や影響力）を活用しながら職場の団結力をつくり出していた——将来的な展望を共有することによって。

これが本章の核心的なメッセージだ。企業のＣＥＯや最高幹部が成功を収めると、私たちは彼らには初めから神がかり的なパワーがあったと考え、逆に彼らが失敗すると、とんでも

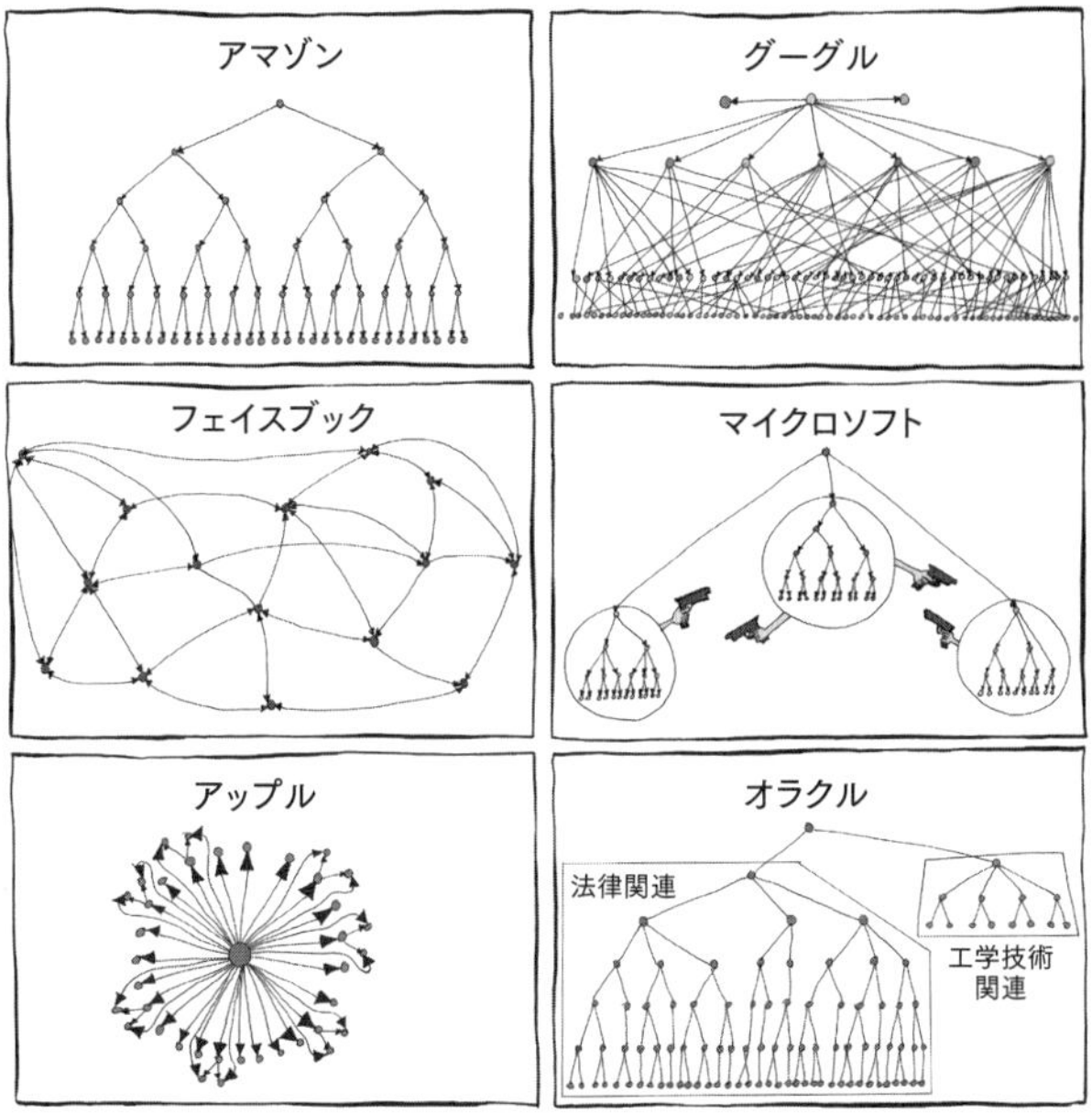

ない欠陥人間であると見なす傾向がある。しかし、組織を活性化させる真のヒーローは、上層部ではないところにいるのが一般的だ。ひょっとすると、あなたもその1人かも知れない。

彼らは組織の最前線（1章で触れた「末端部」）またはその近くで働く人たちであり、しばしば実際的な洞察を現在の状況に応じて適切に反映させる人たちである。最高幹部の役割は、どちらかと言えば、そうした洞察が人々の耳に届くように環境を整えることだ。そのうえで意義深い洞察を認め、それらについて何らかの行動をとるためにもっとも多くの知識をもつ人を選んで権限を与えなければならない。

転換点をうまくナビゲートする組織では、これらの人々の声は聞き届けられ、そのアイデアは検討または採用され、そして本人はもっと影響力のある役職に昇進することが多い。一方、転換点に対して適切な対応ができない組織では、ニュース（朗報だろうと凶報だろうと）を運んできた人たちの声は無視され、もちろん彼らのアイデアが検討されることもない。

根本的なコンセプトは、私たちには組織というものに対する見方を「ただ複雑なもの」から「複合的なもの」に変える必要があるということだ。実のところ、この2つの違いは大きい。前者の場合、次に何が起きるかは、単に最初の状況を把握していれば予測することができるが、後者の場合はそうはいかない。構成要素の間で交わされる予測不能のやり取りしだいで、結果が変わるからだ。

飛行機を飛ばすことがよい例だ。ボーイング747は極めて複雑なマシーンだが、私たちはその動きを比較的予測可能なものにする方法をすでに解明している。ところが、航空管制システムは複合的であり、その数々の構成部分は互いに依存する関係にある。つまり、いつでも事態が急変することはあり得るし、そのために予想外の（または、驚くべき）結果が生じ得るということだ。

これとほぼ同様に、出現しつつある転換点に対して組織が何らかの措置を講じる以前に、最低限必要な人数のメンバーが実際にターニングポイントに立っていることを確信しなければならない――今すぐ行動を起こさなければ前途は暗い、と。

もちろん最高幹部は、この目標に向けて全従業員の心を捉えるという役割を果たすべきだが、（階級の上か下かに関係なく）大多数のメンバーのとる行動こそが、本当の意味で望ましい結果へと導くものである。

この極めて重要な活動を組織の最高指導部の手に委ねるのは、みずから失敗への道を選択したに等しい。経営者の役割は、複合的な環境をコントロールすることではなく、むしろ個々の情報やアイデアをまとめ上げ、人々が正式な役職に関わることなく、いざというときに自信をもって素早い行動を起こせるようにすることなのだ。

悲劇的な終末を迎えた携帯電話《キン》

複合的な環境をあたかも複雑なもののように扱うとどうなるか。それを端的に示しているのが、マイクロソフトが（ナデラのＣＥＯ就任より何年も前の）２０１０年におこなった、いずれ失敗に終わる新型スマートフォン・シリーズ《キン》（Kin）導入の一件だ。私の目にこれが悲劇として映るのは、戦略が実に知的で、プロダクト自体にもおもしろい要素がたくさんあり、開発に当たったチームも並外れて優秀だったからだ。その失敗から学べる教訓は数多くある。なかでも、迫り来る転換点に直面したときに、いかに行動を起こさないかについての貴重な教訓を得られるだろう。

ジェイ・アラードがマイクロソフトに入社したのは１９９１年、ボストン大学を卒業して間もなくだった。ネットワーク専門プログラマーとしてスタートを切ったが、彼が一躍有名になったのは、１９９４年1月25日、インターネットの台頭というこの時代最大の出来事を、その寸前に予見したときだ。

当時、アラードは組織の末端部に配置された1人だった。彼はそこで、迫りくる脅威と潜在的な転換点をいち早く察知し、全社を挙げた迅速な対応を促すべく、そのメッセージを最高幹部に伝えたのだ。

そのころのマイクロソフトは、主にパソコン向けの箱詰めソフトウェアの販売をおこなっていた。インターネットの出現による転換点がまだ明らかになる前、１９９４年1月に、アラードは『Windows: The Next Killer Application for the Internet』と題したメモを書いて、経営陣に提出。ウィンドウズをインターネットにおける次の「キラーアプリ」とするための戦略を提案したのだ。彼はこう書いている。「インターネットによって、マイクロソフトは絶好の機会を得るはずだ。今後は、多くのレベルから——顧客ニーズ、技術面の課題、サービスの質にまつわる問題、ｅコマースや情報ブラウジング技術などの問題から——大規模なネットワークを効果的に探索することができるようになる」このとき彼は、弱冠24歳のプログラマーだった。

来たる世界へのアラードの視点が実に鮮明だったことから、ビル・ゲイツは（当時注目の的となった）1日がかりの会議を開き、最高幹部から若手社員（アラード本人も、そのひとり）までを一堂に集めた。後に『ニューヨーク・タイムズ』紙に「福音伝道者」と呼ばれたアラードは、その場でいくつかの証拠を挙げながら、インターネットが完全に世界を変えるだろうと主張した。出席者の1人によると、ゲイツは「インターネットに大きく賭けてみよう」と結論づけたという。この会議に続いて発売されたウィンドウズ95は、インターネットに適したＴＣＰ／ＩＰプロトコルをＯＳに取り入れたものだ（後々、これが単独インターネット・ブラウザ《ネットスケープ》の競争力を奪ったとして、厳しい批判を浴びる原因になる）。結局のところ、アラードのメッセージが同社の新たな方向性を決定づけたのだ。

マイクロソフトを脅かす、もう1つ別の転換点の弱いシグナルも、その末端部で探知された。今回のシグナルは、ソニーのプレイステーション2が、エンターテインメントや情報シェアや家庭でのデジタル活動の中心になり、従来のパソコンに脅威を与える存在になるという噂だった。アラードの仲間たちは結集し、マイクロソフトもゲームビジネスに参入することによって差し迫る挑戦に応じるべきだと主張。いくらか強引な圧力をかけた末に、アラードは《Xbox》開発チームに加わり、プロダクトの設計とその後の成功の立役者として広く称賛された。その後、彼は自身の主導によるＭＰ3事業への参入という究極の失敗を経験するが、社内での評判（と、ビル・ゲイツとの強い絆）が損なわれることはなかった。

モバイル・コンピューティングの転換点

次に起きたことは、ミレニアムの変わり目ごろの状況に端を発する。当時、携帯電話の爆発的なブームが起き、ユーザーの数は１００万人を超えていたという報告もある。ところが、その主な用途は通話といくつかの形式でのメッセージ送受信だった。アップルの元エンジニア3名、アンディ・ルービン、マット・ハーシェンソン、ジョー・ブリットは、２０００年にデンジャー（Danger）という新企業を設立する。彼らが目指したのは、「手ごろな価格と最高のユーザー体験を重視した、端末間のワイヤレス・インターネットサービス」を実現することだった。

彼らが思いついたのは、腰のあたりに置けるほどの小型コンピュータ、その名も《ピーナツ》――後に《ヒップトップ》、さらに《Tモバイル・サイドキック》と呼ばれるようになったデバイスだ。当時、仕事場の机に向かっているときだけインターネットを活用するというユーザーがほとんどだった。そこで設計者たちは、動き回っている普通の人もインターネットを使えるようになればいいと考えた――この手ごろな値段の新たな小型デバイスにより、普通の人が（予定表や電子メールや住所録などの）情報をダウンロードしたり持ち歩いたりすることができるようになるだろう、と。

これは一方向の情報移動である。このデバイスは一般ユーザーに１ドルで販売され、そのうえで（各種情報を保存している）ポータルサイトを通して各ユーザーに毎月の使用料を請求するというビジネスモデルが形成された。

今となっては、これは大きなブレークスルーだったと認められるが、当初はまだその兆しは見えていなかったようだ。目標としていたのは、《ピーナツ》ユーザーが毎日自分のコンピュータ（と、個々の好みのポータル）にこのデバイスを同期させて、もっとも重要なデータをダウンロードするように促すこと。

開発チームは、さらに細かなアップデートが日中、ＦＭラジオの副搬送波でデバイスに送られると考えていた。そのアイデアは、ＦＭラジオを受信できるユーザーなら、信号を受け取ることができるというもので、そのために同社は大都市の大規模マーケットのスペクトラムを賃借する構えだった。しかし、このコンセプトは、当時、デンジャーの幹部エンジニアだったクリス・デザルボによると、「実にまずいアイデアということが判明した」という。

チームはこのＦＭアイデアを断念すると、次に双方向コミュニケーションを可能にするテクノロジーに目を向けた。具体的には、ＧＰＲＳと呼ばれるＧＳＭネットワークを通じた送受信技術だ。同社の投資家のうちの１人は、この技術に関心のある通信事業者を見つけさえした。その事業者は、ウェスタン・ワイヤレスから独立したボイスストリーム・ワイヤレス（VoiceStream Wireless）という企業だった（ちょうどそのころ、私もボイスストリームの受信契約者の１人だった！）。ボイスストリームは、最終的に２００１年にドイツテレコム（Deutsche Telekom）に買収され、翌２００２年にＴモバイルＵＳと改称された。

リアルタイムの双方向コミュニケーションへの期待感が高まるなか、開発チームは《ピーナッツ》のアイデアを捨ててまったく新しいデバイス開発に取りかかった。そうして誕生したのが《ヒップトップ》である。デザルボの言葉を借りれば「常時ネットにつながっている世界初のスマートフォン」だ。その多くの画期的な機能には、今でいうところの「クラウド内の個人データのリアルタイム・ストレージ」や、《ダウンロード・ファン》と呼ばれるアプリストア的なものも含まれた。

２００２年10月、Ｔモバイルは同スマートフォンのデザインなどを変更し、名前も《サイドキック》と変えてリリースした。これがとてつもない人気を博し、有名人や10代の若者が肌身離さず持ち歩くデバイスとなった。パリス・ヒルトンのヌード写真が盗まれた事件で、彼女が同スマートフォンを使っていたと注目を集めたこともある。

世界を変える破壊的なアイデア

話をジェイ・アラードに戻そう。皮肉にも、アップルが初代iPhoneをリリースしようとしていたころ、アラードは携帯電話市場に《サイドキック》の路線に沿う新デバイスを持ち込むスペースがあると見ていた。それは「プラットフォームにとらわれない、クラウド中心のフィーチャー・フォン（高機能の電話）――比較的安価で、ブラックベリー並みのデバイス（と価格）をほとんど必要としない若い世代向けの携帯電話機」というコンセプトだった。

アラードは、そういう携帯電話の市場は極めて大きいだろうと確信していた。つまり、スマートフォンに近い機能性があって、それほど高額の値札も費用のかさむデータプランもついていない電話機を求める人たちは多いだろう、と。つまり、主なターゲット層は若い世代の、ソーシャルメディアに依存して生活し、写真やテキストメッセージを手軽に送れる電子機器を求めている人たちということだ。これを実現するための第一歩として、２００８年にマイクロソフトはデンジャーを5億ドルで買収した。

ここで私の持論を述べさせてもらおう。実は、そうした戦略ならうまくいくはずだったと私は思っている。マーケットの下層にとって魅力的で、しかもいくつかの機能の追加で上層にも十分に受け入れられる携帯電話をつくるのは――もし手ごろな価格を実現できれば――かなり破壊的な効果があっただろうし、（安価なパソコンが出現したときと同様の）よい影響をマイクロソフトにもたらしただろう。ところが、そうなるためには、マーケットに素早く参入し、そのプロダクトに全社を挙げて取り組むべきだった。

アラードは説得力のある福音伝道者だ。周囲の人々も、彼のアイデアはうまくいくと信じていた。実のところ、早くから多くの提携候補企業がこのプロジェクトに参加したいと熱心に申し出ていたという。

最終的に、マイクロソフトはプロダクト製造をシャープに託すと決め、通信事業者にはベライゾン（Verizon）を選んだ。アラードは（マイクロソフトＣＥＯ、スティーブ・バルマーの支持を取りつけたうえで）自身の組織を、高性能ウィンドウズ・フォン開発グループから完全に分離した状態でプロジェクトを遂行しつつ、全社から資源を引き入れようとした——たとえば、《ズーン》（Zune）からも。

両プロジェクトは、それぞれ別の部署に置かれ、《キン》プロジェクト（当時は、「プロジェクト・ピンク」と呼ばれていた）はエンターテインメント&デバイス部門で、もう１つのウィンドウズ・フォン開発プロジェクトはそれ独自の部門で進められた。ちなみに、このときのエンターテインメント&デバイス部門担当プレジデントは、エックスボックスを成功に導いた功績で知られるロビー・バック、ウィンドウズ・フォン部門を率いていたのはアンディ・リースだった。

一方、アップルはすでにｉＰｈｏｎｅでセンセーションを巻き起こしつつあった。アンドロイド（Android）を買収したグーグル（技術部門担当は、デンジャーの創業者アンディ・ルービン）は、その携帯電話用ＯＳを２００７年に発表、翌２００８年には出荷を開始した。さてマイクロソフトは？　彼らの存在は、どこにもなかった。ある観察者によると、マイクロソフトの携帯電話にまつわる努力は、「実を結びそうになかった」という。

トラブルが始まったのは、ここからだ。ＩＴ系のウェブメディア『エンガジェット』（Engadeget）には、「単刀直入に言えば、リースとしては例の《ピンク》の存在が気にくわなかったのだ。情報筋によると、リースは『ねたみ』を抱き、《キン》がウィンドウズ・フォン計画からマインドシェア（と、おそらくは資源も）を横取りしかねないと思っていたという。結局、リースは十分な圧力をかけて自分の思いどおりにした。《ピンク》はリースの管理下に置かれ、アラードは裏方へと退けられたのだ」という記述がある（訳注：マインドシェアは製品やブランドへの消費者意識を意味する）。

このあと、《キン》はどうなったのか。その顛末には、むしろ悲しさを感じる。リースは、数々の決断を下し、そのなかには、《キン》のＯＳをウィンドウズ7のそれに近いものにするという決定も含まれるが、そのためにプロジェクトはさらに失速した。そのうえ彼は、ユーザーが期待していた重要な機能への投資のほとんどを認めようとしなかった。

通信事業者のベライゾンは、当初、低価格のデータプランで合意していたにもかかわらず、ターゲット層には手が届かないほど高い月額プランを提示してきた。やがて《キン》は、屈辱的な撤退を余儀なくされる。結局、このプロダクトが市場に留まっていたのはわずか6週間だった。その代償は？　多くの観察者によると、10億ドルを超えていたという。このプロダクトの失敗を理由に、スティーブ・バルマーのその年のボーナスは半分にカットされた。アラードのもう1つ別のプロジェクト――《クーリエ》と呼ばれた、iPadに近いデバイスの開発――も中止となったが、それは「社内の有力者たちが、そのプロジェクトとウィンドウズ・モバイル実現計画とに一貫性がないと感じたからだ」といわれている。やがてアラードは、マイクロソフトを退社した。

《キン》の一件に如実に表れているのは、マイクロソフトの経営陣にとって社内メンバーを共通の目標をもつ1つの集団として活性化するのは実に困難だったということだ。世界はこれまで以上に統合された顧客体験へと動いているのに、マイクロソフトは人々を一致協力させられずに苦しんでいたのだ。

歴史的に見れば、この企業は末端部で働く者たちの声に耳を傾けることを旨としていた――とりわけ、ビル・ゲイツ時代には。ところが、その声を反映させた共通の目標を提起し、組織活性化を図るところまでは至っていなかったため、結果的には社内の不満が募っていたということだ。

今世紀の初めには、マイクロソフトの株式時価総額は約６４２０億ドルだった。その後の10年間も、変わることなくデスクトップ・コンピュータにおける支配的な地位を保持し、その成果を受け取り続けていた――巨額のキャッシュフローを生み出しながら。また、１９９６年から２００５年にかけて、いわゆるウィンテル（マイクロソフト製ウィンドウズＯＳ＋インテル製マイクロプロセッサ）を搭載したパソコンが支配的なマーケットシェアを獲得し続け、両社は蜜月状態にあるといわれた。ところが２０１２年には、すでにウィンテルのマーケットシェアは35％まで落ち込んでいた。じりじりと追い上げていたアップルとグーグルのデバイスが、ついにウィンテルを市場から排除し始めていたのだ。

スティーブ・バルマーＣＥＯのもと、マイクロソフトは新たにビスタ（Vista）ＯＳをリリースする。これはウィンドウズを全面的に改良したものだったが、設計からリリースまで長い年月を要したため、顧客から厳しい批判を受けた。また、マイクロソフトはビスタに集中し過ぎて、スマートフォンや端末アプリの利用が急速に増えている事態に気づいていないと感じる人たちもいた。実際、ｉＰｈｏｎｅ登場の報を耳にして、バルマーはその新商品を笑い飛ばしたという。彼の言い分は、キーボードのない電話機などビジネス関係者が気に入るはずがないということだった。キーボードがない上に、ユーザーの払う費用が高額となれば、おそらくそれは消費者マーケット限定のプロダクトになるだろうと予想し、当時「我々の戦略のほうが好ましい」と明言している。

基本的に、今後はモバイル事業が重要になるだろうことはマイクロソフトにもわかっていたが、人々の心をつかむほどのサービスを創出するためにその洞察をフルに活かすことはできなかった。2013年には、『アトランティック』誌のデレク・トンプソンがこう指摘している。「マイクロソフトは、いまだに人々の本当に好きなものをつくり上げる場になっていない。むしろ、人々が——とりわけ、企業戦士たちが——使うべきだと思うものをつくり上げる場になっている」

同じころ、バルマーが辞意を表明した後に、『ニューヨーク・タイムズ』紙の記者はこう書いている。「マイクロソフトには、トレンド予測に長けた才気あふれる開発者たちを惹きつけることができる者が必要だ。バルマーとは大違いの誰か、ということだ」

CEOにしかできないこと

マイクロソフトが（明らかに、テック系産業に転換点をもたらした）携帯電話の世界に大きく進出しようとして無残に失敗した根本的な原因は何だろうか？　それは、転換点を凌ぎながら（転換点通過後に）より強大な組織となって再び姿を現すことを可能にする決定的な要素が同社に欠けていたことだ。要するに、転換点の到来を見抜くだけでは不十分だということである。弱いシグナルで送られてくるメッセージのまわりに組織を総動員するためには、未来への展望を全社で共有することが欠かせないのだ。以前とはうって変わって、現在のマイクロソフトには、この典型的な実例となるエピソードがある。そしてもちろん、その物語は「共感」という言葉から始まる。

サティア・ナデラのＣＥＯ就任が決定し、半年にわたって当てもなく続いた（社外からの）適任者探しにようやく終止符が打たれたのは、２０１４年2月のことだ。初めて公的な場で私見を述べたときから、ナデラが組織を活性化するために掲げていた目標は明確だった。なかでも第一に掲げたのは、「人々を中心に据えた」ＩＴの実現、すなわちユーザー中心の――職場か家庭かに関わらず――テクノロジーを構築することだった。これまでは、ほとんどの場合、消費者か企業のどちらかにフォーカスするという選別がなされていたが、そうした選別はもう不要だというのだ。さらに彼は、（素晴らしいプロダクトよりも）むしろ素晴らしい〝体験〟を創出すると約束した。そして、パートナーシップとエコシステムと他者との協力について語った。

何よりも意義深いのは、ナデラが企業文化を極めて重視したことだ。しばらく経ってから、彼自身がこう語った。「ＣＥＯにしかできないことがある。リーダーとしての基調を打ち出し、それによって全員の心をつかむこと。それから、社内の文化を確立することだ」

ナデラが起こしたもっとも著しい変化の1つは、先行指標にはっきりと焦点を当てることだった。彼はこう説明している。「僕たちはもう成功の遅行指標について話をすることはない。そう、これからは売り上げだの利益だのをテーマに話したりしないんだ。成功の先行指標は何かな？　突き詰めれば、カスタマーラブ（顧客愛）なんだよ」ナデラが自分自身に課した試練は、彼自身の言葉を借りると「社内の全員がひとり残らず、これら成功の先行指標と恋に落ちるように仕向けること」だった。

基本的に、これが本章で語りたいすべてだ。将来的な成功を示す指標に対して、圧倒的多数のメンバーが一致した見方をする状況を創出するには、私たちはいったいどうすればいいのだろう？

マイクロソフトのしなやかな文化

あらゆる成功した企業体にある典型的な「せめぎ合い」というのは、反復可能なビジネスモデルの活用と新たなビジネスモデルの選定との間にある。ビジネスモデルが反復可能な場合、重点はその効率性に置かれるようになる。結局のところ、物事が大して変わらないなら、システムを最大限に利用できるからだ。活動のすべてを細分化し、それぞれの部分がもつ効率性を最大化することによってである。

この考え方は、アダム・スミスの時代からマネジメントの習わしとして知られ、その後、かのフレデリック・ウィンズロー・テイラーによって、組織の運営管理方式の一部として確立された。ところが現在、私たちが目を向けているのは、（マネジメントではなく）働き手の行動パターンを最適化するアルゴリズムだ。

この場合のジレンマは、組織の直面している試練が反復可能な手順に関するものではなく、イノベーションや複合性への対応に関するものであるときに、より単純で分かりやすい要素まで物事を分解するというアイデアが何の助けにもならないばかりか、危険な罠にさえなり得るというところにある。

先ほども述べたとおり、組織の指導部が実行すべきことは、安定性に頼るのではなく、むしろ絶え間なく再構成をくり返すことだ。彼らは新たな状況に次々に円滑に入っていき、そして出てくることができなければならない。

また、企業全体に資源を行き渡らせることができなければならない。資源を（窓がないために、周囲を見渡せない）サイロに閉じ込めてはいけない。

さらに指導部は新情報を獲得し、それに対応できなければならない——方針が脈絡なく二転三転するという不安を与えずに。

そして常に、すべての人々の声が重要だということを肝に銘じておかなければならない。

こうした行動の数々は、実のところ、複合的な問題に直面したときに必要なレジリエンス（立ち直る力）を培う文化と深い関連性がある。

ナデラは、見事なプロダクトを出荷することから新たな機動力を構築し促進することへと重点を移すことが即座に必要であるとわかっていた。しかし、そうするには（ビジネスユニットを重視しなかった）マイクロソフトの構造的な改革が欠かせなかった。これについて、彼は２０１８年にこう語っている。

「僕がほしいのは、シリコン関連の技能、クラウド・コンピューティングの技能、ＡＩに関する技能、それにデバイス設計上の製品美学だ。これらの技能が揃ったら、僕らは１つひとつ別のタイミングで、別のマーケットに応用させることができるようになる。……デジタルはビジネスユニットをまったく認識していない。ということは、君たちがいろいろなものを組み合わせていくしかないんだよ」

また、厳しいスケジュールの合間を縫ってさまざまなステークホルダーにみずから会いに行くナデラは、そうした対外的なミッションの幅広い目的を明快に捉えている。数年前に「ＣＥＯとは、何をしなければならない？」と彼は問いかけた。「不確かな未来について判断を下すことと、文化を開示することだ。そして、この両方に活力を与えることだ」

早いうちから、ナデラの重視するポイントは、マイクロソフトに刻み込まれた好戦的な企業文化の心臓部を狙う弓矢のようだった。古い文化では、「気の利いたトーク」と博識が高く評価された。討論は推奨されたが、その目的は正しさを証明して勝者になることだった。

２０１７年に出版されたナデラの著書『Hit Refresh（ヒット・リフレッシュ）マイクロソフト再興とテクノロジーの未来』（日経ＢＰ）によると、こうした（古い文化に培われた）態度のほとんどが、心理学者キャロル・ドゥエックが呼ぶところの「硬直マインドセット」(fixed mindset) に当てはまるものだと彼は思い至ったという。硬直マインドセットに縛られた人は常に卓越と正当性を求め、自分がいかに優秀かを証明することに時間をかける。対照的に、「しなやかマインドセット」(growth mindset) をもって問題にアプローチする人は、常に学ぶことに焦点を置き、新たな知識を積極的に受け入れ、何かに秀でているよりも向上することに価値があると見ている。ナデラが突き止めようと決めたのは、どうすればマイクロソフトの社風を「しなやかマインドセット」に近づけられるかということだった。

　マイクロソフトのコンサルタントでもあるドゥエックは、ナデラの飽くなき知識欲や失敗から学ぼうとする意志を「驚異的だ」と称賛している。

　ここから新たに焦点となるのは、誰が首脳部に加わるべきかという問題だ。ナデラは、こう語っている。「僕の場合は、チームの一員として働きたいと思う人たちを最適化している」。何年もの間、マイクロソフトは「何事も自分のやり方でやりたがるリーダーたちを養成してきた」が、今はそうではない。「仕事を進めるには、チームとして行動しなければならない。今までとはまるで違うマイクロソフトにする。それが僕には重要なことなんだ」

首脳部の面々を選出するにあたってナデラが重んじているのは、物事を明確にする能力、エネルギーをつくる能力、そしてつい吐きたくなる弱音をぐっと呑み込む能力だ。

「僕は『ほら見ろよ、君のまわりは見渡すかぎりクソだらけだ。その中からバラの花びらを見つけるのが君の仕事なんだぞ』と言う――『え？ 僕のまわりはクソだらけじゃないか』とは言わずにね。さあ、しっかり頼むよ！ 君もリーダーなんだ。もうしょうがないだろ。文句を言っても始まらない。僕らはしょせん、拘束された世界に住んでいるんだからね」

こういうわけで、例の最高幹部ミーティングでは最初に「共感」について話し合われたのだった。

社員全員が「何を達成しようとしているか」

戦略についての物書きとして、私がよく受ける質問は、戦略というコンセプトと、そしてそれに関連する多くの事柄は、そもそも何かの役に立つのかということだ。結局のところ、なぜ競争の優位性は一時的なもので、次のビッグなものを予測することなど不可能なのに、なぜ未来についての見方を定義づけることにそれほどまで精力を傾けるのか？

これほど間違っていることはない。込み入った状況のなかで、上からの指示なしで動く権限を社員すべてに与えようというとき、その目的が何か、そして各自がそれに対してどう適格なのかを共通認識にすることは絶対的に不可欠である。こうした分散型のアクションが可能になるのは、全員の力で何を達成しようとしているかをそれぞれが理解し共有している場合だけだからだ。

戦略とその配置が明確化されていない組織では、決断が下されては取り消され、資源があまり関係ないものにも費やされ、人々は混乱し、挙句の果てには、《キン》プロジェクト崩壊を招いたような内部抗争がいつ起きてもおかしくない状態になってしまう。

2014年、ナデラは総合的な目標についてこう語った。

「マイクロソフトが100年企業になり、社員1人ひとりが自分の仕事に深い意味を見出せる場所になるために、僕らには探求すべき道がある」

彼はかなり迅速に、戦略の全面的な見直しに乗り出す。特に焦点を置いたのは、デスクトップPC向けソフトウェアではなくクラウド事業だった。そして、ノキアを買収してまで進められていたスマートフォン事業への参入計画を中止した（これによる損失額は、86億ドルを超えるといわれている）。さらに、グローバルなクラウド事業を実現するためにデータセンターへの投資を大量におこない、260億ドルを費やして（キャリア形成を主軸とするソーシャルメディアである）リンクトイン（LinkedIn）を買収した。ナデラは、マイクロソフトが1つの会社として果たすべき新たな役割について、こう明言している。「僕らのミッションは地球上のあらゆる人と組織に権限を与え、彼らがより多くを獲得できるようにすることだ」

そして、このウィンドウズを基本とする企業をよく知る人たちの多くが、こうした方向転換に唖然とするなか、彼は重点をウィンドウズから他の事業へと粛々と移行させていった。

あらゆる人に権限を

本書のなかで幾度も見てきたとおり、転換点を首尾よくナビゲートするカギは、組織の（上層部だけではなく）メンバー全員が転換点に気づき、それを最大限に利用すべく何らかのアクションを起こすことにある。ナデラも、この経営哲学を受け入れているのは明らかだ。自著『Hit Refresh（ヒット・リフレッシュ）マイクロソフト再興とテクノロジーの未来』のなかで、こう述べている。

「僕らはときおり、自分自身の能力を過小評価して、他者の尽力を過大に期待する。実は、社員との質疑応答の席で、苛立ちを感じたことがある。参加者の1人が僕にこう尋ねたのだ。『どうして携帯電話から文書を印刷できないんでしょうね？』僕は彼に丁寧に告げた――『できるようにしてほしい。すべて君に委ねるよ』と」

ナデラは、確実に社員の声が聞き届けられ、その洞察が真剣に受け止められるようにする（公式・非公式両面の）メカニズムを導入した。たとえば、彼が開く定例幹部会議は、毎回「researcher of the amazing」（「驚くべき事物の探究者」という意味）と呼ばれるセクションから始まる。これは、何かおもしろいことに取り組んでいる社内チームが、全首脳陣の前でプレゼンをする場だ。『ファスト・カンパニー』誌に掲載された記事のなかで、ハリー・マックラケンは、イスタンブールに拠点を置くチームが晴れやかに入場し、彼らの開発した視覚障害者向けの書籍読み上げアプリを自慢げに披露したと報じている。

これまでのやり方を一新して、ナデラは幹部会議を常にチームスポーツのように運営することを心がけているという。こうした情報の自由な流れが、さまざまなアイデアを組織の隅々まで浸透させ、結果的に意思決定に通じる何本もの道をつくることになるのだ。

さらにナデラは、自身の世界観と相反する可能性がある体験や、新鮮な洞察を得ることができそうな出会いを積極的に求める。息子のザインが重度の脳性麻痺を患っていることもあって（２０２３年2月に逝去）、彼はマイクロソフト内にある障害者のコミュニティグループに強い関心を寄せており、このグループのメンバーたちとの定期的なミーティングも開いているという。これもまた、平均的な環境とは異なる体験をもつ人々が、組織内の階層の上下に関係なく意思伝達をすることができる機会である。

ナデラが新たな視座を獲得できたとみずから認めるもう１つの体験は、《ネットフリックス・インサイダー》プログラムへの参加だった。このプログラムのおかげで、ナデラは（ネットフリックスＣＥＯの）リード・ヘイスティングスの後をついて回ることができたのだそうだ――当時、ヘイスティングスはマイクロソフトの取締役会に名を連ねていたのだが。

いずれにしても、それまでマイクロソフト以外に身をさらしたことがなかったナデラは、ネットフリックスの環境に目を見張ったという。バリューアクト・キャピタル（ValueAct Capital）ＣＥＯのＧ・メイソン・モーフィットを相手に、こう指摘している。「ネットフリックスは新しいデータにもとづいて、ものすごいペースでピボットする」

モーフィットは、ナデラが彼にこう告げたと記憶している。「マイクロソフトが打ち立てた官僚的な制度と比べると、つくづく興味深いと思うよ」

２０１４年、ペギー・ジョンソンを事業開発担当バイスプレジデントとして迎え入れるとき、ナデラは彼女にこう告げた。「君にはレドモンド（マイクロソフトの本拠地がある、ワシントン州の都市）に居るのと同じだけ、その外にも居てもらいたい」

明らかに、彼の狙いは新しい情報を外部から拾い上げることと、シリコンバレーとのつながりをつくることにあった。彼自身も、定期的に（マイクロソフトＣＥＯとしては前代未聞だったが）シリコンバレーを訪れ、そこで築いた数々のスタートアップとの関係がその後、実を結ぶこととなる。

シリコンバレーの起業家たちの一部が――単純にアマゾンウェブサービスの初期設定を変えるのではなく――マイクロソフトのクラウド・プラットフォーム《アジュール》を使って、独自のビジネスを立ち上げ始めたのだ。

ナデラがさらに心がけているのは、もし社内チームの手がけていることが有望だと思ったら、ナデラ自身が熱心な支援者になることを彼らに周知させておくことだ。

初めて（CEO就任前に）、当時開発されたばかりの複合現実ヘッドセット《ホロレンズ》を見せられたとき、ナデラは心底驚いたという。《ホロレンズ》の生みの親であるアレックス・キップマンは、このときの様子をこう語っている。「彼が最初に言った『これは僕の理解を超えている』と、次に言った『これぞまさしくコンピューティングの未来だ』――この２つの言葉の間隔は、僕の知るかぎり最短だったね。……このとき以来、彼はずっと力強いサポーターでいてくれている」

マイクロソフトが２６０億ドルでリンクトインを買収した件についても、これで5億人ものユーザーから――フェイスブックやツイッターのような、個人的なプラットフォームでよく見られる違法行為のリスクを負うことなく――データを集めることができるようになったとの高い評価を受けている。

世界中にいる10億人以上の《オフィス》ユーザーと合わせれば、この大きなユーザー集団がマイクロソフトのＡＩソフトウェアを訓練し、その学習を促進するのに大きく貢献することは間違いない。そしてもちろん、リンクトインがもつデータの宝庫にアクセスできることで、マイクロソフトは最新の動向と話題を「目の当たりにする」ことが可能になった。

先を見越すということには、将来的に何が無意味な存在になるかを見極めることも含まれる。ナデラは、とりたてて有望ではないプロジェクトから次々に手を引いた。そうしたプロジェクトのひとつが、リストバンド型のウェアラブル端末《マイクロソフトバンド》である。そのために彼は、70億ドルもの費用を償却するという苦渋の決断を下した。さらに、ノキアから買収したスマートフォン事業を終了させ、2万人にのぼる従業員を一時解雇した。つまり彼は、携帯電話ビジネスにおける転換点がマイクロソフトの前を素通りしていったことを認めたのだ。

その一方で、さまざまなテクノロジーに広く利用できるソフトウェアづくりを奨励しはじめた。そして、（かつてスティーブ・バルマーが「がん」と呼んだ）リナックス・ファウンデーション（Linux Foundation）にも加入した――その技術情報を活かしたソフトウェア開発と連携するために。ちなみに、バルマーはその後、リナックスのエコシステムにも有用性があると言い出し、２０１６年には「今では大好きだ」と断言している。

指導者が「失望から学べ」と人に説くのはたやすいが、この教えに従って生きるのは実に難しい。とりわけ、極めてまずい事態が起きたときには、何から学べばいいのか見当もつかなくなるだろう。２０１６年3月、マイクロソフトは、ツイッター上でおしゃべりするＡＩチャット・ボット《テイ》（Tay）を公表した。これは同社が設立したFuture Social Experiences（FUSE）Labs（未来社会体験ラボ）から生まれたアイデアをもとに、ＡＩテクノロジーが生身の人間と実際にどう交流をするかを知るために開発されたものだ。

マイクロソフトにとって不運なことに、ツイッターはこのボットには途方もなく不向きな環境だということが判明した。ネット上の「荒らし」たちが即座に気づいたのだ――もし自分たちが人種差別的、性差別的、その他のネガティブな書き込みを投稿すれば、《テイ》はそのうちのいくつかを覚えて拡散するだろう、と。

このボットは、１日も経たないうちに実質的に洗脳され、時間を追うごとにますます攻撃的なメッセージを送るようになった。この日、大いに沸いたのは世の批評家たちだ。結局、実験はとてつもなく大きな屈辱に終わり、マイクロソフトは《テイ》のアカウントを即刻停止した。

これにナデラはどう反応したか？　彼はそのチームにメモを書いて送った――「そのまま突き進め。そして、僕が君たちとともにいることを忘れるな」と。

彼自身がよく口にするとおり、ナデラの役割というのは、いざというときに「航空支援」を提供することなのだ。そして明らかに、彼のこうした態度に組織のメンバー全員が励まされ、リスクを顧みず果敢に攻める気風が社内に生まれている。

ナデラは毎年恒例だった全員参加の会議に代わるイベントとして、「ワンウィーク」(One Week) を開始した。現在これには、合衆国、中国、インド、イスラエル、その他の国々の参加者たち、総勢1万8000人が含まれている。参加者は、それぞれ「パッション・プロジェクト」を選ぶことができる。なかでも人気があるのが、マイクロソフトが呼ぶところの《ガレージ》で、新たな発想の実験を展開することだ。

そこでは、3D描画からプレゼン用の字幕翻訳までさまざまなタスクをこなす何十種類ものアプリが、それぞれの「ワークベンチ」で披露されるという。なかには気まぐれな創作物もあるが、すべてに共通しているのは社内の末端部で働く人たちが意欲的に実験に取り組んだ成果であるということだ。

手柄を分かち合うしくみ

私たちはもう文化と戦略の重要性について十分わかってきた。今のところは順調だ。けれども、これまで以上にレジリエントな組織を築こうという熱心な努力が、インセンティブや報酬を見直す必要性に左右される場合があまりにも多い。実のところ、輝かしい新たな戦略がくり出されるとき、それが組織のほんのひと握りの（直接的に関わった）人たちの手柄と見なされ、その他の人たちは何の評価も報酬も受け取れないという状況があまりにも一般化しているのだ。

マイクロソフトでは、インセンティブに対する大がかりな見直しがおこなわれ、何らかのユニットがどれだけ多く売れたかで報酬を決めるシステムから、ユーザーがどれだけの量を消費したかで報酬を決める新システムへと移行した。さらに同社は、（チーム間の協力体制を強化するために）共通の評価基準を採用し、ナデラが呼ぶところの「パフォーマンス評価基準」と「パワー評価基準」に明確な区別をつけることにした。前者では、1年間に——売り上げや利益などの面で——どれほどいい業績をあげたかが評定されるが、後者は将来的な年間パフォーマンスに対する評価だ。先行指標には、顧客満足度と「カスタマーラブ」の度合いが含まれている。ナデラは、こう語る。

「我が社は、マンスリー・アクティブ、マンスリー・アクティブ対デイリー・アクティブの比率、消費と消費成長率といった評価基準を採用している。僕らが計測するのはこれらと、あとは、部門別の各四半期末の売上高や利益だけだ」

この章のキーポイント

転換点の到来に気づくだけでは不十分だ。効果的な対応をするために、組織のなかの多くの人が一致した見解のもとに集結する必要がある。

内部で対立や競争が起きれば、世の中の移り変わりに対してさえまともに対応することができなくなるだろう。どのようなチェンジエージェント（訳注：組織改革を支援・促進する役割を担う人）志望者にとっても、マネジメント政策は主要タスクの１つである。

大規模な変化は小さく目立たないシフトから始まることが多く、それが徐々に大きくなって既存モデルの制約を解除し、やがて１つの転換点へと道を開くほどになる。

ともすると、企業はそれ自体の最悪の敵になることがある。転換点によって、大がかりな変化がもたらされた場合だ。

硬直マインドセットではなく、しなやかマインドセットをもって、転換点を察知し、それに対応しようとすることが極めて重要である。個人に権限を与え、それぞれが適切なタイミングで行動を起こすようにするのは、組織が実施できる実験的なプロジェクトの領域を大きく広げることにつながる。そしてそれによって、転換点の早期警報にいち早く気づく確率も高まるだろう。

もし社内で実験的なプロジェクトを推進したいなら、担当チームのメンバーを孤立させることなく、たとえプロジェクトが行き詰まっても常に周囲がサポートすることを知らせておくことが必要だ。

自社のインセンティブをいくつかの先行指標にもとづいて決定することにより、社員の意識がそうした指標に向かい、その結果、それらの指標に即した行動を起こす人たちが増えていくだろう。

7
「小さなイノベーション」で制約を壊せ

起業家精神は、天賦の才ではない。
また、創造性の表れでもない。それは労働そのものだ。
……起業家精神とイノベーションは、
いかなる事業を通じても獲得できるものである。
……どちらも学び取ることができるが、
そのためには努力が必要だ。
起業家が携わる事業において、
起業家精神は絶対に守るべき職務として位置づけられる。
誰もがそれに従い、……それを習得しようと努め、
……それに即した行動をとるのだ。

ピーター・ドラッカー

ギスバート・ルールは、革命家のようには見えない。どちらかというと、エンジニアと会計士——会計士というのは、彼の生い立ちからの連想に過ぎないが——を合わせたようなタイプに見える。ところが、彼には革命家に勝るとも劣らない野望がある。それは、古くから受け継がれてきた鉄鋼製品の国際貿易におけるビジネス形態を打破することだ。

しかしまずは、生産者から鉄鋼製品カスタマー（つまり、加工業者）を経て、最終的にあなたの手元に届くまでの、いくらか難解な行程について少し説明しておこう。実は私自身も、２０１４年に「Metals Service Center Institute」（訳注：「金属加工サービスセンター協会」という意味）で基調講演をすることになったときには、まったくの門外漢だった（こういう団体が実際にあるなんて誰が知っていた？）。このとき初めて知ったのが、「メタルズ・サービスセンター」と呼ばれる巨大ネットワークの存在である。大規模な鉄鋼供給業者と比較的小規模な消費者との間を仲介するネットワークだ。前者が大量に売りさばくことを考えるのに対して、後者はそれほど大量に仕入れる意図も必要もないし、できれば在庫をかかえるのも避けたいと思っている。

ここに登場するのが、メタルズ・サービスセンターだ。彼らは大手製造業者から大量に買い入れ、顧客ニーズに合わせて鉄鋼資材を加工してから取引先に再販売する。さらに彼らは（大量の）在庫管理もおこなう——いつでも顧客の期待に応えられるように、だ。ちなみに、顧客の多くが、（少量多頻度配送を基本とする）いわゆるジャストインタイム納品を希望するという。ドイツに本拠地を置くクレックナー（Klöckner）は、このメタルズ・サービスセンター事業に加わっている大手プレイヤーの一社だ。

凋落企業のCEOに就任した男

ギスバート・ルールが、クレックナーの管理委員会議長およびCEOに就任したのは2009年、世界の鉄鋼業にとって最悪の時期だった。需要が落ち込む一方で、生産能力は価格の急落を防げるほど縮小していなかったのだ。中国の製造業者は、これまで以上に大量の鉄鋼製品を流通させ、過剰生産能力をさらに増大させていた。経済協力開発機構（OECD）は、世界中の鉄鋼産業における「危機」に関する報告書を幾度となく出版している。

CEOに就任したルールの肩にかかっていたのは、いわゆる「再興」という厳しい課題だった。クレックナーの経費削減努力は何年も続いており、それには管理部や営業部の諸経費カット、支店の売却と統合、前例のない大幅な人員（2000名以上）の削減も含まれていたが、それでも同社は相変わらず損失を記録し続け、通常配当金さえ出せなくなっていた。

実のところ、ルールの気持ちは沈みがちだったし、急に事態が好転するはずもないことはわかっていた。そして2013年、彼はこう発言したと伝えられている。「売り上げ面では満足とは到底言えない状況だけれど、再興に向けた取り組みが功を奏して、明らかに数字は上向きになってきている。現在の市場動向からのプレッシャーを撥《は》ねのけて、僕たちは自力で前進できているんだよ」

それでも、やはり……。

旧態依然としたシステムのなかで他社との競争に勝てるようにと、主軸の事業を大きく縮小・再編しながらも、ルールの頭から「新しいシステムができたら、どうなるのだろう?」という疑問が離れることはなかった。

同じ2013年に、彼は中国の大連で開かれた「世界経済フォーラム」の非公開会議に出席する。その議題は、「イノベーションを重視する起業家精神の育成=世界的な見地」(Fostering Innovation-Driven Entrepreneurship: A Global Perspective) だった。

この会議で特に強調されたのは、イノベーションが以前にも増して共同で追求すべきものとなっている点だった。また、そうしたイノベーションの実現のために、境界を越えてアイデアを発掘し、新たな価値を生み出す必要があることも明らかにされたという。この会議への出席で何らかの兆候が見えるとすれば、昔ながらのプレイヤーたちさえも競争に勝つか負けるかの慣習的なプレイスタイルを考え直し始めたということだろう。

鉄鋼業以外では、この頃にはすでにデジタルプラットフォームが主流になっていた。エアビーアンドビー（Airbnb）は、２００８年の創業以来、利用者を着実に増やしていき、今では何百万人もの登録ユーザーが自分の空き部屋や空き家を旅行者に貸し出すようになっている。２００５年創業のユーチューブが示したのは、誰もが自分で録画した（たとえば猫の）ビデオを投稿するだけで——テレビ放送網やコンテンツ創作ネットワークを利用する必要もなく——世界的メディアに自分の存在を印象づけられるということだ。

２００４年創業のフェイスブックは、ユーザーがメッセージや写真などのオリジナルコンテンツをあっという間に何百万人もの人々に宛てて送信することを可能にした。そしてもちろんアマゾンウェブサービス（２００６年発足）では、いいビジネスアイデアがあっても未解決のマーケット問題を抱えている人たちのために、独自のプラットフォーム開設を支援するサービスが提供されている。

これらのプラットフォームの成功要因は、そうしたプラットフォームすべてが（それまで閉じ込められていた）能力を解放してフルに活用し、効率よく需要と供給を一致させたことだ。3章と4章で使った言葉に置き換えれば、それらがまったく新たな資源プールを開き、これまでになかった数々のアリーナを創出したとも言えるだろう。

これらの企業は、それぞれが参入したアリーナを根本的に再定義し、そのうえで、いずれの企業も既存プレイヤーと競合することなく成功を収めている。顧客のジョブを完了するときに生じるさまざまな問題に対する斬新で効果的な解決策を提供することによって、これらの企業は牽引力を得る（そして、とてつもない成長を遂げる）手がかりを見出したのだ。

ルールを悩ませたのは、まさにこのシナリオだった。彼は、クレックナーが競合他社としのぎを削っていたアリーナ全体を調べるなかで、そこにある著しい非効率性に気づき、さらに、バリューチェーン（価値連鎖）の至るところで顧客が相当大きな不満を感じていることも知った。ルールは、自身の思考プロセスを2015年のプレゼンテーションで次のように述べている。


鉄鋼のバリューチェーンにおける我が社の伝統的な主要事業は、資材備蓄である。そのため、我々はヨーロッパや北米の大手生産者から鉄鋼製品を買い入れ、それらを大量に備蓄し、その後あらゆる種類の産業に販売している――建設業、機械製造業、機械工業、自動車産業など、鉄鋼資材を使っている全産業に。我々はこれらの資材を備蓄しておく必要がある。なぜなら、顧客が翌日に何を買おうとするか我々にはよくわからないからだ。

特に、建設業のようなスポットビジネス（1件ごとの受注ビジネス）が相手では、いつ何が発注されるか見当もつかないことが多い。たいていの場合、建設会社からの注文を今日受けたら、明日には納品しなければならない。

我々は在庫をかかえることによって安定供給に努めているのだ。だが当然のことながら、このやり方は効率的とは言えない。しかも我々と同様に、生産者もまた鉄鋼製品を備蓄している。流通チャネルが何を必要とするかを、彼らは前もって知らないからだ。その理由は、我々が彼らに（どういう鉄鋼製品が将来的に必要になるかについて）情報をいっさい与えていないことにある。鉄鋼供給チェーンは幾重にも遮断され、実に非効率的であり、そのうえ、我が社の顧客はほとんどの場合、ファックスや電話で発注をかけてくる。私に言わせれば、ここ10年か20年の間に起きた唯一のイノベーションは、電子メールでの注文がだんだん増えてきたことくらいだ。

そうしたことがきっかけで、2年前くらいからバリューチェーンについて考えるようになった。それと同時に、世界が刻々と変化しているときに次に何が起きるかについても考えるようになった。世の中はデジタル世界へと移行している。そういうときに、クレックナーのような会社の5年後のバリューチェーンは、いったいどういうものになっているのだろう？　そこが我々の出発点だった。

当時、ルールが得ていた洞察の1つは、もし鉄鋼業がデジタル化を開始しないなら、新たなプレイヤーが参入して他を排除する可能性があるということだった――他の産業に参入したプラットフォーム・プレイヤーが、ことごとく従来のビジネスを破壊したように。

こうした危機感に駆り立てられて生まれたのが、産業間共通の――鉄鋼業などの分裂した産業にある摩擦を減らす――プラットフォームを設立するというアイデアである。ルールが具体的に思い描いたのは、クレックナー所有のプラットフォームではなく、むしろ中立的なデジタル空間であり、供給業者や顧客や第三者らが互いに取引をおこなえる場として機能するものだった。要するに、クレックナーは——極めて非効率的な線形プロセスから——透明性の高い運営を実行できる統合されたエコシステムへと先導する役割をみずから引き受けたのだ。

これがクレックナーの——鉄鋼供給チェーンの破壊とデジタル化を目指す——困難な旅路の始まりだった。長年の間、時代遅れの不良システムに苦しめられていたこともあって、同社は今よりもっと明るい未来を見つけようという野心に燃えていた。しかし、どこから手をつければいいのだろう？

崩壊した産業だからこそできたこと

鉄鋼業のひどく混乱した状況が、ある意味、デジタルプラットフォームを設立する有利な条件だったとも言える。供給業者スペースが（長年にわたり、合併と吸収がくり返された結果）ごく一部に集中している一方、生産者／流通スペースは極めて細分化されたものになっていた。つまり、鉄鋼製品を買うエンドカスタマー（最終顧客）には、私たちが物を購入する際に当たり前にやっていること——たとえば、価格を比較したり、入手できる時期や方法を確認したり、オンラインで注文したり、など——がまったくできなかったのだ。

クレックナーは、この産業では比較的大手のプレイヤーだ。同業他社のほとんどは、単純なプロダクトやサービスを提供する小規模事業所を経営している。自社をデジタル化するほどの規模ではないため、これらのプレイヤーは最初の（より多くの機会を提供すると確約した）プラットフォームに便乗する可能性が高かった。

既存のしくみは、ジョブを最後まで完了しようとする顧客にとってさほど便利なものではなかった。保険などの補完プロダクトや関連サービスが提供されることもなかったし、プロダクトやサービスを簡単に比べることもできなかった。それに、鋼鉄業のプレイヤーたちは何事も自力で扱えると考えていたようだ——物流管理のようないくらか特殊な業務も含めて。さらに、ある顧客が仮に、スティールパイプを補完するためにプラスティック製パイプも必要となった場合、それらを既存のメタルサービスセンターから購入することはほぼ不可能だろう。

破壊的な変革を起こすためのクレックナーの最初の試みは、社内に「イノベーション」グループをつくることだった。本社の近くに設置され、ある教授の指導のもとにそのグループの活動は始まったが、イノベーションにつながる発想は何ひとつ生まれなかった。お察しのとおり、新たな可能性についての討論はことごとく否定されたのだ――「鉄鋼業では、そういうやり方は通用しない」的な主流派の考え方を変えようとしない反対論者によって。何カ月も不満を感じた末に、結局、クレックナーの首脳陣はまったく新しいアプローチが必要であるとの判断を下した。

物事を進めていくためには、何か独立した機関を使うべきだとルールは考えた。そして、スタートアップ設立の過程や手法について学び、自分の思い描く変革には本当の意味で起業家精神に溢れたエネルギーが不可欠だろうと結論づけた――デュースブルク（ドイツ）の本社で昔ながらのやり方を守っている従業員ではなく、異なる技能と素養をもつ人々を登用すべきだ、と。

目標は、早急に（「リーンスタートアップ」の手法を提唱したエリック・リースの言葉を使うと）「実用最小限の製品」にたどり着くことだった。具体的な成果物があれば、特定の顧客の完了すべきジョブに対して適切に対応できる能力を――コンセプトの証しとして――示すことができるだろうと考えたのだ。

ルールは、まず2名のメンバーに小さなオフィスをベルリン市内に開くよう依頼した。このロケーションにしたのは、ベルリンにはすでに数々のスタートアップの拠点があったことと、将来的な人材確保を考えてのことだという。そして当グループには、親会社の活動と区別するために「クレックナー・アイ」（Klöckner.i）という名前をつけた。

デジタル・トランスフォーメーションには、主要事業に携わる従業員とは異なる技能が必要だ。クレックナーは意識的に多種多様な人材を集めながら、新たなチームづくりに乗り出した。鉄鋼関連の業種からではなく、ベルリン周辺にあるアマゾンやｅＢａｙなどのオンライン・スタートアップから雇用した。

新しいシステムを、古いシステムから切り離す

この古いジョークを知っているだろうか？　誰かがＩＴ部門に対して挑戦的に「神は世界を７日間でつくった」と言うと、その返事は「それはそうだが、神はレガシーシステム（古いシステム）を持っていなかった！」というものだ。

既存のＩＴ部門は知らず知らずのうちに、イノベーター（革新者）に無理やりそのテクノロジーの蓄積と統制力を活用させようとする。それは、プロジェクトの進行を失速させ、せっかく雇い入れた新メンバーに結局は従来とほぼ同じやり方を強いることになる――これまでとまったく違うものを実現しようとしているときであっても。クレックナーは分離の必要性を認め、独自のテクノロジー・プラットフォームを新しいチームの手でつくることを許可した。

デジタル化の第1段階は、ほとんどネットワークと接続していないスタンドアローン型ツールをいくつかつくることだった。それらはいずれも顧客を第一に考えたツールであり、既存のシステムには対処できない（顧客の抱える）問題を解消するものだった。第2段階では、それらのデジタルツールをクレックナーの顧客たちに実際に使わせ、彼らがどういう方法でプラットフォームとつながるのを望んでいるかをみることにした。そしてクレックナーが目指した第3段階は、プラットフォーム上でおこなう業務が（顧客にとって）可能な限り統合されたものとなるように、そのプラットフォームを競合他社に開放することだった。

「新・旧」をつなぐ架け橋

クレックナーは差し迫った問題――多くのプラットフォーム企業候補を悩ます難問――に対する答えをすでに手に入れていることに、ルールは気づいた。利益の多いプラットフォームにするには、買い手候補と売り手候補とをマッチングしなければならないということだ。これはほぼ間違いなく第一級の「卵が先か鶏が先かという問題」であって、（買い手と売り手の）両者がそれぞれに十分に関心を寄せるようでなければ、プラットフォームは立ちゆかなくなるか、または最初から失敗してしまうということである。

たとえば、（製造事業向けという点で）同様のデジタルプラットフォーム構築を目指していたゼネラル・エレクトリックの取り組みは、外部から大いに関心を引く必要性があった社内のビジネスユニットに重点を置きすぎていた。同社は結局、想定していた成果が得られないまま打ち切りを余儀なくされた。

クレックナーの場合は、バリューチェーンにおける会社のポジションを考えると、買い手と売り手の両方をプラットフォームに引き寄せることが可能かも知れない、とルールが思い至ったのだ。

これによって解消されるのが、既存ビジネスの経営者をしばしば困惑させている問題だ。すなわち、目覚ましいことを遂行するためにスタートアップユニットを立ち上げるのは容易であっても、親会社との間に強い絆と変換メカニズムがなければ、それは何の役にも立たないという問題である。結局のところ、企業の再活性化をもたらすのは、親会社がもっている能力とのつながりなのだ。

この点を、ルールは特に理解していた。「我が社の営業担当者は、これが我々の未来だということを確信していなければならない」と、彼は2015年のプレゼンテーションで述べた。しかしながら、これがほぼ間違いなく困難な任務になることが彼にはわかっていた。新たなツールとアプローチが、長年にわたって自分たちの生活の糧を生み出してきたシステムを破壊することになるからだ。この構想を実現すべく、クレックナーが投資したいくつかのプロジェクトに「デジタル体験」プログラムというのがある。このプログラムでは、同社のさまざまな部門から集まった営業担当者たちが、3～4カ月かけてデジタル事業部「クレックナー・アイ」の課題に取り組んだという。

ルールには周囲を圧倒するほど魅力的なところがいくつもあるが、私が見たところ、そのなかでも特に際立っているのは、従来のシステムに慣れている人たちへの敬意と、彼らが今後直面するであろう問題への繊細な心配りだ。その控え目な例として、２０１８年11月に彼は私に次のような話をしてくれた。デジタル変革に乗り出したばかりの頃、彼は以前と変わらない服装――地味なスーツとネクタイを着用して――出社するように心がけていたという。ささやかなことだが、これには彼の強い思いがこもっていた。デジタルシステムという斬新で輝かしいもののために主軸事業を切り捨てるつもりはないことを伝えたかったのだ。実のところ、彼が信じていたのは、その2つが連携をとりながら業務を推進することによってのみ自社の再興は実現できるということだった。

クレックナーは、ルールが呼ぶところの「非階層コミュニケーション」も実施した――マイクロソフトが運営するヤンマー（Yammer）という企業向けソーシャルネットワークを利用しての試みだ。ルールは、社内のどの部署にいる人たちとも――通常は交流することのない従業員たちも含めて――コミュニケーションをとることができる。社内の誰もが、疑問に思うことや観察結果を投稿して討論を始める権利をもっているのだ。昔ながらの会社がこういうことを始めるのは、規範からの脱却という点で極めて大きな意味のあることだった。

もう１つの画期的な試みは、「ファックアップ・ナイト」だ（本当に、彼らはこう呼んでいる）。

これに毎回招待されたのは、大失敗を経験したスタートアップ創業者たちで、彼らはなぜ失敗したかをそれぞれ参加者の前で語ったという。その後、このプログラムは従業員自身がうまくいかなかった仕事や、何を学んだかについて語り合う場に発展した。イノベーションを阻むことになりかねない「失敗の恐怖」を乗り越えるための手立てとして、こうした集まりは計り知れない価値のあるものだ。

さらにクレックナーは、従来型ビジネスに携わる社員向けのデジタル研修にも大きく投資し、社員たちは勤務時間内にこの研修を受けるように奨励された。

会社のスタートアップ部門と既存の主要部門とを結ぶ「架け橋」を築いたことから生まれた有益な副産物は、そのイニシアティブによって徐々に文化の核心的なところが変わり始めたことだ。ルールは、２０１７年にこう語っている。

「多くの従業員との中身の濃いコミュニケーションを通して、我々は何とか彼らをデジタルの時代に連れてくることができた。その結果、彼らは我が社のデジタル化戦略も、どうすればデジタル変革の実現に貢献できるかも理解している。また、スタートアップの世界から自分たちの働き方にアジャイル手法を次々に取り入れ、以前に比べて細部にこだわり過ぎることがなくなってきた。そうして我が社は、全体的に昔よりはるかに速く機敏《アジャイル》な組織に生まれ変わった」

デジタル化の旅路に出て4年が経過した２０１７年、クレックナーは総売り上げの17％をそのデジタル流通チャネルから獲得したと伝えられている。そしてこれは、同社が収益性と組織の成長に立ち返った結果であると見なしているという。同社の次なる目標は、この数字を60％程度まで伸ばすことだ。

「今までうまくいっていた前提」をくつがえす

さて、ここからはいよいよ、なぜ転換点が（かつては成功を収めた）既存の経営スタイルに大混乱を引き起こすのかについて見ていく。私はすでに、転換点を基本的にアリーナ内部にある種々の制約を変えるものと定義づけている。本書の3章で、これらの制約を変えるものを次のようなカテゴリーに分類した。

1　争われている資源プールを変えることができる。
2　その資源プールの一部をつかもうとしている人たちを変えることができる。
3　競争が起きている状況を変えることができる。

4 1つのジョブに、1人の行為者の考慮集合から別のジョブを引き抜かせたり、そのジョブを完了するための資源を減らしたりすることができる。
5 消費経験に重大な変化を与えることができる。
6 特性の一部を、他より価値の高いものに、または低いものにすることができる。
7 関連のあるバリューチェーンに組み込まれたそれぞれの機能を変えることができる。
8 当該アリーナのあらゆる要素を変えることができる。

時が経つにつれて、アリーナのすべての要素は企業の経営形態に織り込まれていく。そのアリーナ内の競争に打ち勝つために、既存企業は最適化の方法を習得するからだ。実のところ、その企業の計測や報告の形式、報酬システム、コミュニケーションのパターン、非公式ネットワーク、ブランド、ビジネスアサンプションなどはすべて、アリーナ内部に影響する(と構成メンバーが信じる)因果関係によって特徴づけられる。

これらの因果関係によって、基本的に組織の構成員が何に注意を向けるかが決まる。同じく、その構成員が何をすることが「正しい」と思うか、さらに、彼らがどのように報われることを期待するか、チームメンバー間の関係がどう定義づけられるか、そして誰が成功するかも決まる。簡単に言えば、転換点以前のシステムから受け継いだものに対して疑問を呈するのは、異論を唱えることにほかならないということだ。

組織はいくつもの重大な制約のなかで運営される。転換点がそうした制約を変えると、ビジネスを円滑に運営し続けるために苦労してつくり上げられたシステムもまた変化しなければならなくなる。これは組織として受け入れるのが極めて困難な現実である。問題は、組織内部の転換が——その外部で起きている転換とより良く適合するために——どう統合され得るかということだ。これを実現していくプロセスが、私が呼ぶところの「母船の管理」である。

こうしたプロセスには、中核事業の大がかりなシフトを組織化することが含まれる場合もある。ネットフリックスが、ＤＶＤ販売から定額制ストリーミング配信に切り替えなければならなかったのと同様だ。また、次世代の中核事業を支えるために、資源をシフトする必要が生じることも多い——アップルがデスクトップからタブレットやモバイル端末に移行したときのように、現段階の主要ビジネスの規模を縮小してでも、である。

さらに多くの場合、まったく新しい成長ベクトルを発見することにもなるだろう。中核事業をシフトしようというさまざまなチャレンジについては、スコット・アンソニー、クラーク・ギルバート、マーク・ジョンソンが、彼らの著書『Dual Transformation』を通して、具体的で有用なツールや視点を提供している。

クレックナーのエピソードでわかったように、失敗が差し迫ったり実際に起きたりすると、それまではシフトに乗り気ではなかった組織でも自己防衛のために態度を変えることがあり得る。

たとえば、ウォールマートは10年間も苦労した末に、ついにeコマースでの成功を収めることができた。何億ドルもの投資と多くの幹部からの勧告にもかかわらず、現行の組織は自社の販売活動がその新たな流通チャネルでおこなわれるという発想を嫌悪していたという。彼らが最終的に運用可能なeコマースモデルを見つけたのは、新CEOが自社にとって（おそらく）今回が方針の正しさを証明する最後のチャンスだと覚悟を決めてからだった。

その最終モデルを構築するには、いくつかの極めて困難な決断が必要だった。その1つ目は、2016年の、ジェット・ドットコム（Jet.com）――まだビジネスモデルの成否が実証されていない、創業して間もないスタートアップ企業――を33億ドルで買収するという決断だ。

2つ目は、このジェット・ドットコムのCEOであったマーク・ロアをウォールマートのインターネット通販部門の責任者に任命するという決断。

3つ目は、この部門に、ウォールマートの実店舗には決して足を踏み入れない高所得層の顧客を獲得するために必要な資源を投入するという決断だった。男性用アパレルブランドのボノボス（Bonobos）がその一例だ。現在、ウォールマートのオンライン通販イニシアティブは勢いを増し、公開市場における同社の評価は上昇している。

イノベーション技量の構築によって、社内の抵抗勢力、すなわち、転換点に際して企業を破滅へと追い込みかねないものに打ち勝つことも可能になるのだ。

何がイノベーションを阻むのか

クレックナーが直面したのは何か――そして、私が何年にもわたって関わってきた多くの企業が直面したのは何か。それは、イノベーションによって加速される成長に対する組織的なバリアである。つい先週のことだが、ある大手多国籍企業の最高幹部グループとのセミナーに招かれ、私は参加者たちに、同社のなかにあるイノベーションを阻むものをリストアップするように求めた。そのとき彼らの挙げたものは次のとおりだ。

◆インセンティブの欠如
◆既存ビジネスにあまりにも勢力がある
◆マネジメントが目先の成功をほしがる
◆あまりにも多くのタコ壺化
◆顧客にフォーカスする姿勢の欠如
◆失敗に対する恐怖心

◆誰も自分の仕事として責任をとらない
◆イノベーションは、「母船」と比べて小さい
◆イノベーションは我々にとって十分に大きくも速くもならない
◆我々は四半期の売り上げにフォーカスしている
◆我々は、現在うまくいっている事業の売り上げを減らすことに不安を感じる
◆我々には予測不能な結果に対する耐性がない
◆イノベーション／成長プロジェクトに取り組む（昇級などの）インセンティブがまったくない

私は彼らに、何がこれらのバリア1つひとつに共通しているかと尋ねた。途切れがちな意見がいくつか出てから、皆さん合点がいったようだ。どれもが社内で押しつけられた制約なのだ。それらはすべて、現行ビジネスの秩序正しい操業を維持するため、そして破壊から守るためにある。

もっと厳密に言うと、そうした制約はすべてイノベーションに示される破壊を阻止するためにあるということだ。それでも、私たちが集団として意識的にこれらの制約は対処され得ると決めれば、取り払うことも可能である。

クレックナーの場合でわかったように、既存のビジネスモデルが明らかに優位性を損ないつつあり、会社の将来的な見通しが暗いときでさえ、古株の面々には変化への渇望がほとんどなかった。実のところ、改革が唯一の生き残る道であっても、転換点の通過を知らせる警報がサイレンのように大音量で鳴り響いても、組織の「抗体」は大量につくられたのだ。これが、何か新たなことをしようとする最初の努力が失敗する要因の1つである。努力は、イノベーションを阻む考え方が芯まで染み込んだ人たちとともに、そのイノベーションを推進しようとする。ようやく新たな可能性が見えてきたのは、組織が新しい職場に新しいスキルを備えた新しい従業員を雇い入れ始めてからだった。

　クレックナーに関するケーススタディは、組織が取り組めるもっとも有意義な課題のひとつ――私が呼ぶところの「イノベーション技量スケール」（innovation proficiency scale）の高位置につくこと――を具体的に示すものだ。

　イノベーション技量は、私が（同僚たちとともに）開発した測定基準である。これによって測定されるのは、組織がみずから転換点を引き起こしたり、あるいはすでに起きた転換点に対応する際に、その組織の効果的な「イノベーションを実現する」――言い換えれば、「変革する」――力量や技能だ。重要なのは、ただ転換点を察知して組織を動かすだけでは、（前にも述べたとおり）不十分だということだ。

　組織自体が、変革を遂げることができなければならない。転換点に対処するのが難しいのは、それらの転換点がビジネスにおける（一定期間、当然視されていた）憶測に関する事柄を一変させるからだということを思い出してほしい。

かつて業績を伸ばすのに役立っていた測定基準や操業スタイルは、もはやその役割を果たしてはいない。組織がまるごと転換の大波をかぶるとき、これらの測定基準や操業スタイルは変わる必要があるのだ――ほとんどの場合、何らかのイノベーションプロセスを通して。

私が考える段階は――イノベーションを継続的に運用する組織の能力に応じて――8つのレベルに分かれている。

イノベーションが発展する「8つの段階」

◆レベル1＝極端な利益偏重

レベル1に分類されるのは、現体制のままで物事をおこなうのが何よりも（または、唯一の）正しい方法と見なされる組織だ。これらの組織では、既存の優位性を維持しつつ最大限に利用することが特に重要視される。また、その多くが長い成功の歴史を享受しつつ極めて安定した市場のなかに留まっている。おそらく高度な資産集約と長い競争サイクルがあり、そのためにイノベーションは高リスクで魅力のないものに見えるのだろう。一般に、厳しく制約されたマーケットにおける企業、多くの非政府組織や政府機関、その他の数々の官僚機構がこうした状況にあるが、それも長くは続かないはずだ。

◆レベル2＝イノベーションシアター

この段階に表れるのは、ほぼ完全に保守的な組織にいくらか革新的（イノベーティブ）な思考を持ち込もうとする早期の努力である。通常、改善や刷新を望む気持ちはあるものの、そうした欲求は個々にあるだけで、組織としての総合的なサポートはほとんど受けられない。つまり、初歩的な研修や短期集中トレーニング、シリコンバレー訪問などは実施されても、組織全体がそれらを継続しようと努力することはない段階である。このレベルでは、たくさんの話し合いと一定の活動がおこなわれるにもかかわらず、結局は以前と変わらないビジネスモデルに落ち着くことだ——それも、あっという間に。

◆レベル3＝局部的なイノベーション

このレベルでは、よりイノベーティブで多少とも持続的な活動が組織内のあちこちで散見するようになる。だが、イノベーションを全組織的な規律として認識するまでにはいたっておらず、社内の1つか2つのグループによって局部的な努力が始められるだけだ。この段階でのイノベーションへの努力は、基本的に主要スポンサーに依存しており、多くの場合、突発的なものである。そのうえ脆弱でもあり、有力な幹部の入れ替わりや失敗、または中核事業における試練などに直面すると簡単に消滅してしまう。

◆レベル4＝時局便乗的イノベーション

レベル3のプロセスによって着手されたイノベーションの取り組みが多少の結果を出し始めるにつれて、首脳部の面々もイノベーティブな能力を構築することは重要だと認めるようになる。それはまだ企業としての中心的な取り組みではないものの、首脳部は新たなアイデアに成長のチャンスがあれば便乗しようという構えになっているのだ。こうなると、その後の展開が以前より注目されるようになり、さらに資源も――事業ユニットを越えて――投入されるようになる。それでも、まだ組織の大部分が優先するのは「本業」である。

◆レベル5＝表れ始めた技量

このレベルの特徴は、上層部からの持続的なサポート体制に、時間と資金両面の資源が含まれていることだ。また、私たちはここで初めて、イノベーション関連の測定基準が（まだ不定期ではあるが）使われている兆候を目にすることになる。初期段階の運営システムが築かれ、財政的にも通常業務とは別の活動としてイノベーション実現への取り組みが進められる。

◆レベル6＝成熟し始めた技量

このレベルでは、多くの幹部の積極的な関与が見られ、十分な資源の投入もおこなわれる。こうした企業内のチームはすでに、それぞれの活動を推進するための反復可能な最高の手法をいくつか見出している。そして、イノベーションは役員報酬や昇級に関する討議の重要なポイントとなり、イノベーションの測定基準は上級管理職の監視下に置かれる。さらに組織内のサイロを結びつけるツールの活用が盛んになり、アイデアの源泉を外部へ求めるという動きさえ起き始める。

◆レベル7＝戦略的イノベーション

このレベルに分類される企業のCEOと幹部チームは、イノベーションの推進が会社の核心的なミッションであると公言する。そして社内のプロダクト開発サイクルの各ステップが、イノベーションから恩恵を受けるようになる。こうした努力は、強固な運営体制、評価測定、資金、企業文化によってサポートされる。また、一定数の従業員がイノベーションを推進する役割を担い、そのための決定権をもっていることを自覚している。

◆レベル8＝イノベーションの熟達

企業のイノベーションへのあらゆるレベルの傾倒が数々の勝利をもたらし、極めて優秀な熟練者集団を生み出す。そして、そうした企業は他の組織にとって見ならうべき手本となるだろう。また、公開会社の株主は、制度化されたイノベーション運用によって示される成長のポテンシャルに報われることになる。

レベル1　緊迫感を持つ

レベル1に分類される組織は、（比較的、まれではあるが）純粋にイノベーションを必要としない状況にあるか、あるいは、ビジネスが大きく影響を受ける転換点というものを完全に否定しているかのどちらかだ。こうした組織のイノベーション熟達へのチャレンジは、人々にその価値と重要性を認めさせることである。

この段階で強調されることは特徴的なものとなるだろう。この章のキーポイントは一定数の意思決定者たちが「何事も今の状態を保つことはできない」との結論に達することだからだ。あなた自身の立てた戦略が現在の努力では見るべき結果をもたらさないと気づくこと（私が「成長ギャップ分析」と呼ぶ状況）が、新たな行動を呼び起こすことにもなる。同じく、あなたの未来に対する投資家の熱意もまた、行動を呼び起こすことになるだろう。また、あなたは自分の《イマジネーション・プレミアム》（訳注：筆者が同僚とともに独自に開発した評価基準）を計測することによって、投資家から見てあなた自身にどれほどの先見性があるのかを推し量ることもできる。

《イマジネーション・プレミアム》というのは、公開会社の価値を現行事業と将来的に期待される事業との比較で算出するための評価基準である。この計算は、まずあなたが自社のベータ値を獲得することから始める。ベータとは、市場全体に対する個々の株式銘柄の相対的な変動率を示す係数である。つまり、業績の変動が激しいほど、ベータ値は高くなるということだ。資本資産評価モデル（capital asset pricing model）にもとづくと、ボラティリティの高い銘柄はリスクが高いので、資本コストが高くなるはずである。

次にあなたが算出するのは、資本コストの見積もりだ。その数字と自社の営業キャッシュフローとを比較することにより、あなたは時価総額のどれほどの額が営業活動によるものかを効果的に算定することができる。もし時価総額が上回れば、私たちはそれを「成長価値」（value of growth）と呼ぶ。これを運用価値（value of operations）――株式時価総額の現行事業に起因する割合――で割って出てくる値が《イマジネーション・プレミアム》である。この値が低ければ、投資家たちはあなたが転換点に適切に対応できるとは思っていないということになる。

バッファロー・ワイルド・ウィングス（Buffalo Wild Wings）を例にとろう。２０１７年には精彩を欠き始めていたレストランチェーンだ。《イマジネーション・プレミアム》は極めて深刻な値――０・６６――を示していた。これはつまり、投資家たちが成長を期待しないばかりか、縮小さえも視野に入れていたということだ。

ところが次に起きたことは、実は《イマジネーション・プレミアム》の低い企業に規則的に起きることだった。あるアクティビスト投資家が不意に現れて取締役の座を要求し、ＣＥＯを退陣に追い込み、最終的に同社を売却させたのだ。このように《イマジネーション・プレミアム》が低い場合は、何らかの行動インセンティブが発生することもある。

私たちがたびたびおこなうもう１つ別の分析は、「機会ポートフォリオ分析」（opportunity portfolio analysis）と呼ばれるもので、不確実性の度合いによって配列された機会ポートフォリオに示される投資状況を観察することだ。先を見通すことともっとも関連性があるのは、中核事業よりもはるかに不確実な無数のオプションの存在である。マイクロソフト社内のプロジェクト《ガレージ》で開発されたアプリも、その１つだ（２７２ページを参照）。

さらに私たちは企業が他社と競合するアリーナも、「コンテクスト分析」と呼ばれる手法で検分する。ちょうどクレックナー再興のためにルールがやったように、私たちも既存アリーナが関連ステークホルダーたちの完了すべきジョブにどれほどうまく対応できているかを問いかけるのだ。答えが「不適切な対応をしている」であり、しかも新たに参入しようとしている別の企業が利益を得る可能性があるなら、そのコンテクスト分析は警報ベルを鳴らすきっかけになるに違いない。クレックナーの場合と同様である。そうして、「破壊（ディスラプト）されるくらいなら破壊せよ」が企業の合言葉になるのだ。

これらの分析は、組織がイノベーション技量スケールのどこに位置していようと、すべて有益である。しかし私たちが気づいたのは、いまだに緊迫感をもってイノベーション推進に挑んでいない組織、すなわち、今までそれについてあまり深く考えたことのない企業にそれらが特に役立つということだ。

レベル2　何はともあれ行動する

レベル1からレベル2へのステップアップは、実際の（または、想像上の）危機によって引き起こされることが多い。クレックナーの場合、そうした危機は、何年も続いたビジネスの低迷と、迫り来る新たなデジタルプラットフォームの脅威とが組み合わさったものだった。北米の家電メーカー、ワールプール（Whirlpool）においては、それはデビッド・ウィットマンCEOが2000年に感じた絶望だったはずだ。当時、彼は同社が競争しているセクターを見渡し、そこに一面に広がる「白物家電の海」――誰ひとり心を躍らせることのない無味乾燥な生活家電ばかりがどこまでも並んでいる光景――に愕然としたという。

レベル2の「イノベーションシアター」には、実はある程度の利点があり、企業がどこかでそれに取り組んでみる価値は大いにある。そして、もし上層部をシリコンバレーに送り込んだり、短期集中コースを開くためにコンサルタントを招いたり、参加者がアイデアを共有するイベント「アイデア・デイ」を開催したり、その他にも人々に刺激を与えたりイノベーション推進への参加を促すことが必要となれば、それはそれで実行するほうがいい。

たとえばクレックナーでは、既存ビジネスに携わる人たちから革新的なアイデアを引き出そうとする最初の試みは功を奏さなかった。しかし、その失敗がきっかけとなって、意思決定者たちは違う道を見つけた。そして最終的に、ドイツ国内のスタートアップの本場であるベルリンに、小規模ながらも新たな事業を設立するという決断へとつながったのだ。

１章で見たとおり、アドビのキックボックスプログラムも、イノベーションのプロセスに——組織的に重大な影響をもつプロセスを踏むことなく——多くのいろいろな分野の人たちを引き寄せる秀逸なアプローチの１つである。

レベル3　限定的に試行錯誤する

レベル３は多少トリッキーかも知れない。人々は、イノベーションが重要だと確信している。ある程度、具体的なイノベーションに触れたことで、今やそれがどう機能するかを部分的に理解できていると思ってもいる。そして早くも、非常に野心的な目標を宣言したい衝動に駆られている。たとえば、近いうちに何らかのスペースを「所有する」などということだ。

しかし問題は、イノベーション技量が低レベルの場合、そうした努力が結局は大惨事につながりかねないということだ。そのいくつかの事例に含まれるのが、レブロン（Revlon）の化粧品《バイタル・ラディアンス》シリーズと、クァーキー（Quirky）が他者のアイデアから新プロダクトをともに制作する拠点として設立したソーシャルプラットフォーム、そしてグーグルのラジオ参入の失敗である。

　このような大惨事を目にすれば、あなたにも典型的なパターンが見えてくるだろう。すなわち、検証されていない憶測を事実と見なすこと、実験や学びの機会がほとんどないこと、上層部が個人的にプロジェクトの詳細すべてに首を突っ込むこと、気前のいい先行投資、向こう見ずな操業スタイルである。

　同じ結果を避けるには、イノベーション推進に関して自分の知っていること（そして知らないこと）について努めて謙虚であろうとすることだ。そのうえで、コンセプト実証にふさわしい資源として、比較的少数のスタッフとプロジェクトを選定する必要がある。

　また、これは多くの企業が「スカンク・ワークス」（Skunk Works）――社内の極秘プロダクト開発部門または選抜された少数メンバーのみからなる特命チーム――を認可するレベルでもある。２００５年に、航空関連の新聞『ジェネラル・アビエーション・ニュース』（General Aviation News）紙に掲載された記事によると、この「スカンク・ワークス」はもともと、合衆国の航空機メーカーであるロッキードマーティンが社内の先進開発プロジェクトに名づけた名称だったという。

このプロジェクトは、第2次大戦中に新たな軍用機を開発するために設立されたものだ。当時、設計室代わりのテントがプラスティック工場の近くにあったため、テント内は異臭に満ちていた。ある日、そのなかで仕事をしていたメンバーの1人が、人気漫画の『リル・アブナー』（Li'l Abner）に出てくる怪しげな飲料製造所の通称を借りて「はい、こちらスコンク・ワークス」と言って電話に出た。その後これがプロジェクトのニックネームとなり、やがて「スコンク」が「スカンク」に改められて現在にいたっている。

スカンク・ワークスから、目覚ましい結果がもたらされることもある。あのトレイシー・キダー著のノンフィクション『超マシン誕生』（日経BP）で設計された次世代コンピュータの素晴らしさを誰が忘れられようか？　しかしながら、親会社からの承認や支援なしに発足したプロジェクトが悲惨な結末を迎えることはあまりにも多い。無視できないほど規模が大きくなったために政治的な内部抗争が起きて、やがて打ち切りになるか、あるいは、その野望を実現するのに必要な資源が投入されないために、徐々に立ち枯れていくかのどちらかだ。スティーブ・ブランクが指摘したとおり、スカンク・ワークスの存在そのものに、組織がいまだに持続的なイノベーション技量を習得していないことが表れている。

レベル4　時局に便乗する

レベル3段階のプロジェクトに取りかかってしまうと、実質的にレベル4の技量をもつ組織なら、1つのアイデアを格段にスケールアップさせる可能性も十分に理解できるようになる。もちろん、アイディエーション（訳注：アイデアを出し合うこと）は重要である。しかし、それぞれのアイデアの第1バージョンが、そのまま市場に持ち込まれることはほとんどない。むしろ、アイディエーションの後に続くべきものは「インキュベーション」（訳注：incubationは「孵化」や「培養」を意味する。ここでは、アイデアを温めながら実現の道を探る過程を指す）である。そのなかで、当該アイデアにもとづくプロダクトの試作がおこなわれ、幾度かのテストを経て顧客に披露し、さらにテストをくり返し、その価値を立証して次の段階に進む必要があるのだ。スティーブ・ブランクは、これを「顧客発見」プロセスと呼んでいる。

インキュベーションの後に続くのは、「アクセラレーション」（加速）だ。ここはたとえ話を使って説明してみよう。あなたの主要ビジネスを、両側で8車線の高速道路を最高速度で突っ走る何台もの自動車と考えてほしい。あなたが間もなく発足させる予定の新ベンチャー事業も、そうした車の流れにスムーズに――後続の車に激突されることなく――入っていかなければならない。この加速をつけるプロセスが、イノベーションチームにとって予想外に厄介なところである。

技術的そして組織的な対応の遅れは、それぞれ早急に取り戻さなければならない。技術面に関しては、現時点で「十分によい」プログラムを産業規模にまで改良する必要がある。実のところ、これと同じような問題が組織的な側面にも発生する。新ベンチャー事業を性急に立ち上げようとするあまり、あらゆる種類の近道が（組織のなかに）つくられるからだ。なかでも、人事に関する近道が深刻な問題を発生させる場合が多い――「正式な役職名や給与等級や査定については気にしないでおこう。とにかく今は、ものすごいものをつくるんだ！」ということだ。

これは早い段階では気の利いたせりふだが、現在のあなたには（キャリア志向のある）リアルな肩書きをもつ人々が必要である。あなたのベンチャー事業は、これまで支援機関からの余りにも多くの介入から保護されてきたかも知れないが、今後は合法性、人的資源、コンプライアンスに配慮し、そしてＣＦＯ（最高財務責任者）オフィスとも折り合いをつけていかなければならない。

また、予算編成サイクルのような企業リズムと歩調を合わせる必要もある。レベル４に相当する組織は、まだこうした問題に対処し始めたばかりで、アクセラレーションの課題もいまだに他と切り離した状態でクリアしようとしている場合が多い。

レベル5／6 ルーチン化する

これらの段階へのレベルアップに見られるもっとも大きな変化のひとつは、イノベーション関連の活動を支える予算が確実に取り置かれるようになることだ。以前とは違って、事業サイクルや上層部の好みに左右されることがなく、むしろ他の主要業務と同様に、ルーティン化した業務として位置づけられる。

レベル5と6では、進行中のイノベーションに勢いをつけるべく、さらにルーティン化した反復可能な取り組みがおこなわれる。これらの組織には、そのほとんどのメンバーが話題にできる明確なイノベーションシステムが構築されている。また、どの開発プロジェクトをサポートし、軌道修正し、あるいは停止するかなどの判断を規定する管理メカニズムも整備されている。さらに、既存事業のサポートよりもイノベーションに重点を置いた資源の安定的な流れも見られる。そしてイノベーション運用は（一定の基準で）測定され、その結果に進歩が表れていなければ重大な問題になるだろう。

大多数の従業員がイノベーションをテーマとする何らかの研修を受け、自分のアイデアを提起するための具体的な手順についてもわかりやすく説明される。特定のイノベーションが組織にとって適切かどうかを判断する基準も、大半の人々がしっかりと把握している。また、さまざまなプロジェクトの枠を越えた資源の再配分が、素早く円滑におこなわれる。そして何らかのバリアによって、事業ユニットの責任者たちがイノベーションを熱心に受け入れられない場合——たとえば、予期せぬ結果の責任をみずから負うことができない場合など——それらのバリアは取り除かれるだろう。

さらに、人材の再配置も見られるようになる。最高の熟練者たちが——現行ビジネスの問題解決よりも——むしろ成長の可能性の高いプロジェクトに意識とエネルギーを傾注するのだ。また、組織に組み込まれたイノベーションがうまくサポートされるように、その構造について以前よりも高い柔軟性も見られるようになる。そして組織全体として注意が払われるのは、イノベーション推進チームに思考プロセスや技能や経歴などの点で十分な多様性があるかどうかである。

レベル7　しくみにする

レベル7では、イノベーションは企業ブランドと深く関連づけられ、経営陣はイノベーション技量の向上が自社の命運に関わる重要課題であると認識するようになる。幹部役員はそうした課題の遂行をサポートすることが期待され、それが彼らの報酬を決定づける要素となる。従業員は、アイデアを検証するための小さな資源プールにどうすればアクセスできるか、また、それらのアイデアが有望と見なせるときに何をすればいいかを承知している。そしてテクノロジーは、人間同士のコミュニケーションを補い、意思決定を加速するために使われる。

こうした企業は、自社のイノベーションにまつわる物語を内外のコミュニケーションツールを通して発信し始め、同時に、イノベーション推進（イノベーション運用システム）を下支えするテクノロジー・プラットフォームを構築する。また、新たな資源を加えながら核心部の変革も続けていく。

この段階では、組織は種々のイノベーションのパイプラインや確固たる管理体制、それに資金調達プロセスをもつべきだ。そして従業員は、これらのプロセスに関して豊富な知識と経験をもっていなければならないし、顧客には自社のサービスの素晴らしさに大いに喜んでもらわなければならない。

レベル8　「絶えずリニューアル」する

イノベーション技量が熟達レベルまで達したからといって、かならずしもその企業がずっと同じ位置に留まれるわけではない。このレベルでの大きなチャレンジは、うまく機能していることを保持しつつ、イノベーション技量を再び引き下げようとする勢力をかわすことだ。

私はこれまでに何百時間もかけて（そして私のクライアントたちは、それよりもっと多くの時間をかけて）驚嘆すべきイノベーションシステムの構築にともに取り組んだ末に、次の管理体制にそれらを取り壊された経験がある。その後、2年か3年経ったあたりで、その組織の失墜が新聞に報じられる――「X社にいったい何が起きた？」という大見出しつきで。既存ビジネスの短期的な結果を優先させる方針に戻ることは、組織の上層部にとって極めて魅力的に映る――彼ら自身が、そもそもイノベーション推進事業の一端を担っていなかった場合は特に。

現在の私たちの公開市場構造では、そのような経営者は桁はずれの恩恵を受けるのが普通だ。組織のイノベーションプロセスを阻害すると見なされるメカニズムの1つは自社株買いであるが、これによって幹部役員や投資家たちは労せずして利益を受け取ることになる。一般に自社株買いで株価が上がるため、幹部役員の報酬額も上がるからだ。

残念ながら、自社株買いに流入する資源は将来的な投資に回すことができない。要するに、レベル8のイノベーション技量を備えた組織を築いて維持するには、心の底からその長期的な最大利益を守ろうと思う幹部役員の選出が不可欠だということだ。

「一夜にして成功」はありえない

イノベーション技量スケールの低レベルから高レベルに一気に上昇しようとする試みは魅力的なようだが、実際には、かならずと言っていいほど失敗に終わる。イノベーション技量の向上とは、言い換えれば組織を挙げた学びの努力である。そして学びと習熟は、瞬時に達成できるものではない。クレックナーが何年もかけてどのように各段階を経て前進していったか、改めて思い返してほしい。

ルールが２００９年にクレックナーを引き継いだとき、鉄鋼業全体のイノベーション技量はレベル１あたりだったと私は推測している。動きが遅く保守的な従来型の産業だった。２００８年に経済恐慌がアメリカと全世界を襲い、さらに中国の鉄鋼産業のアグレッシブな世界的拡大が進むなか、少なくともルールと取締役は現行のビジネスモデルが存続できないことを確信していた。事実上、彼らは先を見通すべきときがきたことを知っていたのだ。

デジタル技術をめぐる転換点に注目したルールは、やがてレベル２の活動へと突き進んだ。――まず（結果的に期待はずれとなった）内部努力から始め、次に独立して自由に開発を進められる小さな精鋭グループをつくって。そしてクレックナーが（私の見たところ）レベル３と４を通過したとき、ベルリンに置いたデジタル前哨基地だけではなく「母船」でも具体的な取り組みが始まった。そこには、階層の上下に関係なく社内コミュニケーションを幅広く「水平化する」努力があった。トレーニングもあった。つまり、イノベーション推進事業の中心部にいない社員であっても、その恩恵——新たに生まれた、自由な社風——に浴するプロセスがあったということだ。

今後もデジタル化の取り組みが続くにつれて、おそらくクレックナーは組織的にさらに高レベルのイノベーション技量を獲得していくことだろう。なぜなら、そのデジタル技術が大規模な企業変革に拍車をかけ、さらに転換点が引き起こす成長によって莫大な利益が生まれるからだ。

この章のキーポイント

転換点をうまく切り抜けるというのは、多くの場合、一度に2つの大きな課題に挑むことを意味する。主軸事業の競争力を高めることと、将来的に役立つ新たな能力を獲得することだ。

デジタル技術によって可能になるビジネスモデルは、共同で追求するものになることが多い。必要なのは、組織的な境界線がどこにあるかについて考え直すこと、そして、既存企業が従来のバリアに依拠できないところまできている事実を認識することだ。

現行のソリューションが顧客たちの「完了すべきジョブ」に適切に対応できていないとき、新たなプレイヤーが——何らかの足がかりを得て——参入できる、またとない機会が生まれる。

既存ビジネスと新規ビジネスの両方が組織の成長にどれほど貢献しているかを認めること、そして、それに応じてインセンティブを設定することがカギである。

単純なテクニック——階層による隔たりのないコミュニケーションシステムや、広く提供されるトレーニングや技能向上プログラムなど——は階層的バリアの解消に役立つ可能性がある。

イノベーション技量スケールを昇ることにより、企業の運営スタイルやさまざまな手順に劇的な変化が起きることがよくある。それは長年抱き続けてきた仮説、インセンティブ、組織編成に対するチャレンジであり、上級レベルの特別なサポートを得て総合的に調整されるべきものである。

8
「先見性」は リーダーの財産

指導者がすさまじく無能であっても、
物事がうまくいっているかぎり
人々は我慢して彼についていくだろう。
しかし必然的に危機が訪れたとたん、
指導者でも経営者でもない一般の人々の考え方は一変し、
焦点は競争へと移り、
重圧は急激に高まるに違いない。

トーマス・コルディッツ（退役米国陸軍大佐）

私はもともと、女子大に行くつもりなどまったくなかった。実のところ、当時、セブン・シスターズ（訳注：かつて米国北東部にあった名門女子大学7校のこと）の1校だったバーナード・カレッジへの入学が認められたとき、いろいろな理由をつけて自分を納得させなければならなかった。大学はニューヨークにあって、しかもコロンビア大学と提携しているし、とても名高い教育機関だ。女子修道院みたいなところとはいえ、4年間暮らして学ぶ価値は十分にある……などといったことだ。

もちろん、私の了見は間違っていた。バーナードは人生観を変えるほどの影響を私に与えた。そして我が娘が大学に進学する段になって、彼女もやはりバーナードを選んだとき、私は最高に誇らしい気持ちになった。女子大とか女子教育とかリベラルアーツ教育の良い点・悪い点についてなら、いくらでも喜んでお話ししたいところだが、あいにく本章の主題はそこではない。

本章のテーマは、度重なる転換点の影響で混乱に陥りがちな組織が生き抜くために考えるべきリーダーシップのあり方を探ることだ。というわけで、話をバーナードに戻そう。というのも、実は今、私はバーナードの姉妹校であるコロンビア大学ビジネススクールで教鞭をとっており、役員教育クラスを担当しているのだ。

恐れしらずの女性リーダー

2年か3年前のこと、私はコロンビア大学ビジネススクールのプログラム開発チームの（少数ながらも熱烈な）代表団から相談を受けた。どうやら、彼らはバーナードの「アテナ・センター・フォー・リーダーシップ・スタディーズ」(Athena Center for Leadership Studies)のグループとかなり長期にわたって会合をもっていたようだ。

アテナ・センターの設立は、バーナードの学長（当時）のデボラ・スパーの強力なイニシアティブによって実現した。スパーがハーバード大学ビジネススクール教授を経てバーナード・カレッジ学長に就任したのは２００８年のことだ。

彼女は、バーナードがすでに高い評価を受けていたリベラルアーツのカリキュラムに加えて、リーダーシップに焦点を当てた研究センターを築きたかった。そのスタッフは、女性の指導力に関して知り得たさまざまな情報を使って――組織のなかで女性がさらに躍進できるように――新たなプログラムを開発することとなった。同センターには洗練された診断システムと、規模は小さいながらも非常に効果的なセッションがいくつかあり、センタースタッフはそれらをバーナードというブランドネームに引き寄せられた数社を相手に活用し始めたという。

開発チームは、これらのプログラムが場合によってはオープン・エンロールメント（自由入学方式）のセクターへと発展できるかも知れないと考えた。つまり、ワーキングモデルを1つつくりたかったのだ――役員教育グループが事業計画や共同マーケティングや広報宣伝を管理する一方で、バーナード側は対象分野の専門知識やその定評あるブランドや（おそらくは）バーナードならではの豪華な設備を提供することになるモデルを。何枚もの油絵に描かれた歴代の「恐れしらずのリーダー」が、実はすべて女性たち、という場所があったら、誰もがそこを大いに気に入るに違いない！

それにしても私の話はよく脱線する。この壮大なアイデアには小さな問題があったようだ。すなわち、役員教育コースの担当教官のなかから誰かひとりが、この共同プログラムの学科責任者になる必要があったのだ。その役目を引き受けた人物は、同プログラムの顔になり、講師陣の選出からカリキュラム作成、それに参加者への一貫した体験の提供までありとあらゆることに責任をもたなければならない。さらに、その人は基本的に役員教育という分野の何らかの要素に関してエキスパートであることが望ましい。ところが、私たちの学科にはジェンダー問題や女性問題を専門に扱う教官が相当数いるにはいたが、真新しいプログラムをつくり上げ、発足させ、そして運営する責任を負いたいと思う者は1人もいなかった。というわけで、このままでは計画を実行に移せないと開発チームは思い始めていた。

そのとき、たまたま同チームのメンバーの１人が私の経歴を目にして（ビンゴ！）、私がバーナードのかなり忠実な卒業生であることに気づいた。こうして結局、私に白羽の矢が立ったというわけだ。私は最初、女性の地位向上やジェンダー問題は自分の専門ではないし、それに２０１６年にもなって、どうしてそういうプログラムを世界が必要とするのか見当もつかないと返事した。

その後、このチームは学術的なアプローチをとって私に迫ってくる。つまり、私をその方面の調査に埋没させたのだ。次から次に手に入る研究結果を紐解きながら、私は才能豊かな女性たちが——多くの場合、組織自体もその女性たちを本当に厚遇したいと思っているにもかかわらず——多種多様な形で上級職から外されている現実を目の当たりにすることとなった。そうして、ついに私は腹をくくった。正直に言うと、少しばかり怒りも感じていた。「ＯＫ、やりましょう」と私は言い、その結果として生まれたのが、「Women in Leadership: Expanding Influence and Leading Change（リーダーシップをとる女性たち＝影響力を広げ、変化をリードする人々）」というコースである。

私たちは見事なスタートを切った。集まった人々のなかには、世界規模の出版社ウォルターズ・クルワー（Wolters Kluwer）ＣＥＯのナンシー・マッキンストリー、ビルド・ア・ベア・ワークショップ（Build-A-Bear Workshop）ＣＥＯのシャロン・プライス・ジョンといった錚々《そうそう》たる顔ぶれもあった。それに、コロンビア大学ビジネススクール校長のグレン・ハバードと先述のデボラ・スパーが共同でこのプログラムを立ち上げ、受講者たち自身も素晴らしい人たちだった。こうなると、やはり「我も我も」的な動きが巻き起こるもので、結局のところ、私が最初に抱いていた（なぜ、今さらこのようなプログラムが必要なのかという）懐疑心など、世間知らずの最たるものだったと思わされたのであった。

結局、男性か女性かは関係ない

このプログラムの目的に沿って私の果たすべき役割として重要なのは、大きなアハモーメント（ひらめきの瞬間）をつくり出すこと——と、少なくとも私は思っていた。そこで私たちはサリー・ヘルゲセンを特別講義の講師として招くことにした。彼女は、世界的に有名なエグゼクティブ・コーチのマーシャル・ゴールドスミスとの共著『コーチングの神様が教える「できる女」の法則』（日本経済新聞出版社）を出版したばかりだった。ヘルゲセンが提起した観察結果の１つに——おそらく彼女自身にとっては何気ない事柄だったただろうが——私は深い感銘を受けたのを今も覚えている。１９９０年、彼女は女性リーダーのために本を執筆し、ちょうどヘンリー・ミンツバーグが１９７０年代に男性リーダーのためにおこなったように、

「1日を通して、彼女たちは実際にどういう仕事をするのか」を明らかにしようとした。
「そのとき以来、私たちにはわかっていることがあります」とヘルゲセンは出席者たちに向かって言った。「私が研究のなかで突き止めた女性リーダーによって示されるクオリティは、以前よりはるかに急速に動いている不確かな環境下にあるすべての種類のリーダーに不可欠なクオリティと、何ら変わらないものだということです」。これに私は考えさせられた。こうした女性たちは、組織運営の手法が変わろうとしていた節目の時期に実際にその最前線に立っていたのだろうか？　そして、ひょっとすると、自分たちが古いモデルに適合しなかったために新たなモデルを考案せざるを得なかったのだろうか？

そのモデルの大まかな内容は、当時としては驚くべきものだったが、今となってはそれほど意外なものではない。ヘルゲセンの研究に登場する女性たちは、「課題の完遂よりも、むしろさまざまなタスクに取り組むこと」に重点を置いていた。そして階層構造ではなく、いわゆる「ウェブ・オブ・インクルージョン」（web of inclusion）を構築した。

また、情報フローは幅広く行き渡り、最高幹部は指令を発する指揮官というよりもむしろコネクターとガイドの役割を果たした。そしてもちろんリーダーは意思決定権などの一定の権限を保持していたものの、現場にもっとも近いメンバーに極めて大きな裁量権を与えていたという。

彼女の話を聞けば聞くほど、私にはすべて馴染み深いことのように思えたものだ。

現在、男女を問わず傑出した企業リーダーたちに私が見出すのも、これらと同じパターンである。ボーイングとフォードの両社を変革へと導いた伝説的リーダー、アラン・ムラーリーは、幹部チームのなかで果たすべき自身の役割は「ファシリテーター」（世話役）だと言っている。

医療保険大手エトナ（Aetna）のマーク・ベルトリーニは、日頃から従業員の生活に個人的な関心を寄せていたが、あるとき、彼らの置かれている深刻な経済状況に衝撃を受け、やがて（賛否両論が巻き起こるなか）エトナの最低賃金を引き上げ、さらに医療手当てを改善する決断を下したという。この他にも、本書の執筆にあたって調査したなかで私が発見した数十件の例に、新たなリーダーシップモデルが現実味を帯び始めていることが示されている。しかも、女性だけではなく男性にも通用するモデルである。

リーダーシップの新たな様式

本書の冒頭から私は一貫して強調してきた――迫り来る転換点を察知し、それに対して行動を起こすのは、上層階の片隅のオフィスにいる1人の人間の力でできることではない、と。ジェフ・ベゾスが言ったとおり、転換点の到来を見抜くのは、たいていの場合、難しいことではない。

難しいのは、その転換点が(それまで当然視していた経営スタイルに対して)何を意味するかを理解し、どのベクトルに自社は向かうべきかを決め、さらに、転換点を生き延びられる強力な組織をつくることだ。また、こうした短期的な移行にある程度の苦痛が伴う場合、組織にとっての長期的な利点について考え抜くのは困難な課題である。

言い換えれば、まずは転換点にとっての組織の潜在能力を見抜く必要があるということだ。次に、それについて何をすべきか、あくまでも集団的に決断しなければならない。仮に変化の予兆に気がついても、どういう行動に出るべきかは必ずしも明確ではないからだ。その後、組織をその行動方針のもとに結集しなければならないが、多くの場合、ここが難しいところだ。というのも、人々はこれまでの一般的なやり方で仕事をこなすことに慣れているからだ。

組織の大半のメンバーは、今まで一度も大規模な転換点をくぐり抜けた経験がない。大半のメンバーが、現行の業務形態とビジネスモデルに即した仕事をすることで報酬を得てきた。それをすべて投げ捨てて、極めて不確かに見える旅路に乗り出すなど、彼らにとってやすやすと引き受けられることではない。

雪解けが末端から始まるのなら、その末端へ出向き、そこでメッセージを聴き取る能力が何よりも重要である。いろいろなことが変化しているという弱いシグナルを確実に探知するには、組織のあちこちにある多くの目と耳が必要だ。また、意思決定に関わる重大な情報は、多くの場合、個人の脳内に閉じ込められているが、リーダーはそうした情報に何とかアクセスして、組織のメンバー全員に適切な精度で共有されるように伝達システムを整備しなければならない。

一方、人々は仮説に対する反証となるエビデンスを見つけたら、(その仮説を立てた)リーダーに進んで持ち寄ろうとしなければならない。また、顧客と真の関係を築いて彼らの抱える問題に心から寄り添い、そして彼らのジョブが円滑に完了するのを見届けるには、現場に立ち入って彼らの思いを受け止めようという意欲とインセンティブが必要である。

不安定な状況下でも人々に素早く学ぶ勇気——と、それを実践する方法——を提供することが大きなインパクトをもてるのは、おそらく幹部チームがそれを後方から支援している場合だけだろう。共通の目標のもとに組織を結集させることも、やはり、幹部チームが担うべき主要タスクの1つである——サティア・ナデラとマイクロソフトの変革の体験から私たちも学んだように。そして主軸事業と新規ビジネスをともに推進するには、両者によってもたらされるものへの深い敬意が不可欠である。つまり、物事の人間的な側面に対して心を砕きつつ、昔から受け継いできた鋳型の一部を壊してまで変革の意志を貫くことが重要なのだ。

しかし、人は実際に何をすれば、集団的に先を見通せる組織を構築できるのだろう？創業者兼ＣＥＯとして、ようやく新規株式公開までこぎ着けたスタートアップ企業を、ほぼ17年にわたる苦労の末に途方もない利益をもたらす買収へと導いた女性リーダーがいる。彼女の名前は、ゲイル・グッドマンだ。

長く緩慢な死の傾斜路

電子メールマーケティング企業のコンスタント・コンタクト（Constant Contact）から、転換点にまつわる完璧な物語が提供されている。これは、何年もかけて徐々に進展しながら最終的に見事な成功を収めた組織だ。

１９９９年、ゲイル・グッドマンはスタートアップ企業のローヴィング・ソフトウェア（Roving Software）に加わる。ランディ・パーカーによって設立された、スタッフ７名の小規模な——マサチューセッツ州ブルックラインの屋根裏部屋を拠点とする——会社だ。実は、彼女がそのスタートアップのＣＥＯだった。当時、同社は中小規模の企業を援助するソフトウェア開発のアイデアをもっていたが、まだ市場には参入していなかった——グッドマン自身は２０１３年に、こう語った。「私が参加したのは、プロダクトも売り上げも資金調達もまだこれからというときでした」

発足当初から、同社は（メール閲覧者数の拡大を望む）小規模ビジネスと非営利団体に電子メールマーケティング支援を提供していた。ターゲット顧客基盤を考えれば、月額30ドル程度の利用料金が同社にとって唯一の収入源だったとみていいだろう。グッドマンは、「ベンチャー投資家たちは、ここぞとばかりに資金を吐き出したものです。こういうビジネスには誤算がつきものと言われますからね」と当時を振り返る。これは、まだ経常利益を上げるためのビジネスモデルがなかった１９９９年のことだ。この頃、SaaS――サービスとしてのソフトウェア――は、将来性のある魅力的なビジネスと見なされていた。

「確かにそのとおりでした。スケールアップするには、とても長い時間がかかるんです。そうして結局は、そこから『SaaS の長く緩慢な死の傾斜路』が始まったというわけです」

ローヴィング・ソフトウェアは、そのクラウドサービスを２０００年10月に開始したが、顧客の伸びは緩やかで、その数は発足時の１００から１０００へと増えただけだった。そのころ、同社は、おそらく事業の規模拡大は転換点と同様の流れで起きるだろうと考えていた。つまり、いずれターニングポイントが訪れ、そこから爆発的に成長できるだろう、と。

彼らにとって残念なことに、そのターニングポイントは結局、無数に並び立つ「蜃気楼」に過ぎなかったことが判明する。後になってグッドマンが語ったとおり、初期段階は（急激な上昇曲線をもつ）ホッケーのスティックというより、むしろ――何かを見つけては反復をくり返すという点で――フライホイール（弾み車）の様相を呈していたのだ。この状態は何年も続いた。

そしてついに（２００４年に、社名をコンスタント・コンタクトに改称した）同社は、待ちに待った転換点を迎える。これを可能にしたのは、そのアリーナの動態を解明したことだ。それは、グッドマンの言葉を借りると「ファネルに差しかかるまでの私たちの流通チャネルとファネルにおける私たちの会話を理解し、それに我が社の長期的な事業価値とを組み合わせたもの」だった（訳注：ファネルは「漏斗」の意。広く集客したうえで、ふるいにかけられた見込み顧客が検討・商談を経て、購入または成約へと流れるなかで段々と少数になっていくことを指す）。

これらすべてが１つにまとまったとき、同社はみずからの成長に多額の投資をおこなった。そしてついに待望の転換点が到来し、業績は飛躍的に伸びたのだ。２０１２年に、グッドマンはこう語った。「というわけで、今年の売り上げは2億５０００万ドル以上になるでしょう……でも我が社はそれを一度に39ドルずつで成し遂げるのです」

2つ、3つのことを完璧にする

グッドマンが同社に加わったのは、他の企業で数々の嫌な経験をした末のことだったという。２０１８年9月に、彼女は私にこう語った。

「初めてＣＥＯという地位について１つ興味深かったのは、幹部チームのメンバー同士が協力し合うところを私は一度も見なかったということです。そういうロールモデルは、１つも見つかりませんでした。そこで、私は皆で協力し合う方法を探ることにしたのです。幹部チーム内であんなに揉め事が続いたのでは、資源の無駄づかいになりますからね。お互いに共通認識をもって取り組めば、資源をもっと有効に活用することができるでしょう」

あらゆる種類のリーダーシップに共通して言えることは、ある組織のリーダーが何かに注意を集中させれば、組織全体がそこに注意を集中させるようになるということだろう。

「リーダーとして、あなたが自分の時間をどこで過ごすかが、あなたの下すことができるもっとも重要な投資判断の１つです」とグッドマンは言う。

グッドマンがリーダーとしての自分の役割にアプローチした方法と、私たちが考える従来のトップダウン方式のリーダーシップとの第一の違いは、彼女がその独特のタスク――ＣＥＯだけが果たせる役割――をどう定義づけたかである。すなわち、誰もが深く理解している優先課題に向けて一貫して取り組めるように、彼女は自分がさまざまな階層や部署の従業員たちを結びつける「接着剤」の役割を果たそうと考えたのだ。このことを彼女は、次のように説明している。

あなたが編成できる幹部チームのクオリティは、ビジネスの成功の度合いを決する大量の浮動票になるでしょう。でも私が申し上げたいポイントは、それが個人の問題だけではなく、個人をまとめるチームづくりの問題でもあるということです。コンスタント・コンタクトは、ばかばかしいほど多くの時間を注ぎ込んで見事なチームをつくり上げました。幹部チーム、その下のチーム、またその下のチームも含めてです。それはなぜでしょう? コンスタント・コンタクトの前に、私はいくつかの企業で幹部の一員として経験を積みましたが、そこでは経営陣が団結するどころか意見の対立が絶えなかったのです。その状態が組織に与えた影響はすさまじいものでした。めちゃくちゃに混乱して、そして何よりも無駄の多い組織になり果てました。……こういう話はよく耳にします。もしそれを許したら、資源を途方もなく無駄づかいすることになります。……そして、複雑さの解消法はチームづくりと優先順位づけなのだと気づくでしょう。

２０１３年の講演で、彼女は2日間の幹部チーム社外会議を年に2回おこない、それとは別に１日間の社外会議を年に数回おこなうプロセスについて解説し、「その会期中に、私たちは互いに連携し合う関係を築きました」と述べた。

第１の問題は、戦略。彼女によると、戦略はかなり単純明快なもので、「誰に向けてサービスを提供するのか、どういう問題を解決するのか、そして自社にとって独特な競争優位は何なのか」を定義づけることだという。これはポイントを突いたものに思われるが、彼女は、その戦略の全体像がチームメンバー全員にとって明確でない場合に起こり得る問題に言及した。自社の戦略の方向性についてあなたがもし場当たり的な姿勢でいれば、不要なものが数多くつくり出され、そして数多くの人たちがその原因について困惑するというのだ。

　チームづくりにおける第2の問題は、彼女が呼ぶところの「カルチャー・スタッフ（文化的なもの）」だ。これには、使命とビジョンと価値観が含まれる。彼女はコンスタント・コンタクトに在職していたとき、これらの要素を1つずつ語ることができたし、また確実にチーム内の他のメンバーたちも同様に語れるよう指導していた。

　次の問題は、「いくつかの主要優先事項に向けて、チーム一丸になること」だ。自社の事業において何が本当に大事なのかということについて明確な認識をもつことは重要である。これらは、パトリック・レンシオーニ著の『ザ・アドバンテージ　なぜあの会社はブレないのか』（翔泳社）のなかで「ラリーイング・クライ」（rallying cries）（訳注：「スローガン」や「かけ声」という意味）と呼ばれているものだ。「私たちはこれらの社外会議でラリーイング・クライと優先事項を全員で共有しては先に進んでいました」とグッドマンは説明し、それからこう付け加えた。「8つのことを中途半端にやろうとするより、2つか3つのことを完璧にやり遂げるほうがいいのです」

　この指摘どおり、幹部チームは取捨選択するという規律を行使する必要がある。そして、正しい選択をチーム全員で共有するのは時間のかかることだ。

「CEOマニュアル」に書いていないこと

グッドマンが発揮するリーダーシップの別の要素で、従来の指揮統制モデルとは明らかに違っているところは、彼女が自身の行動を決める際にフィードバックを重視する度合いだろう。言い換えれば、彼女はフィードバックを通じてしか自分が（指導者としての）効果を持続できないと認めているということだ。リーダーはみずから進んで鏡に映る自分を見つめなければならない。

コンスタント・コンタクトに移って間もないころ、彼女は同僚から率直なフィードバックを受け取るべく、ある人物に手助けを求めた。彼女が最初に愕然としたのは、自分のやっていることの多くが他者から見ると大して役に立っていないと知ったときだったという。

彼女は、誰もが自分の弱点を長所と（勝手に）見なす傾向があるという主旨の逸話を語った。彼女自身の場合、そうした弱点の1つは「せっかちな」ところだという。

「自分では長所だと思っていたのですが、それがチームにかなり深刻な害を及ぼしていたのです。私が何気なく編み出していたものの1つが、プレゼンターたちに対するちょっとした内輪の合図だったんですね。〈両手で空中に円を描いて見せながら〉こんなふうに。どういう意味か、おわかりですよね。そう、『そこはもうわかったから、巻きでいって』です」

「こんな合図は受け手からすれば気分のいいものではないですよね。第一に、せっかくの話に水を差してしまう。それに、当のプレゼンターに対して失礼な振る舞いです。そしていつの間にか、誰もプレゼンの場に意欲のある優秀な人材を送り込まなくなりました。なぜかって、（私によって）やる気が削がれるのを避けたかったから。こういう人材こそ、直接会って育てたかったのに……。彼らは、我が社の未来です。そうしてそういう人たちと、私は会う機会を失ってしまいました。だから、私が変わらざるを得なかったのです」

フィードバックを得るために彼女が新たに実行したことの1つは、社外の人々で構成された（つまり、彼女の支配権の及ばない）メンタリング・グループと一定の時間をともに過ごすことだった。そのグループのメンバーたちは、定期的に集まって互いにフィードバックを提供し合った。「前四半期に、あなたはどこで自分の時間を過ごした？ 今四半期には、どこで過ごしたいと思っている？」などと問うのだ。

彼女はコンスタント・コンタクト経営陣の内部でも、個人のパフォーマンスやチームとしてのパフォーマンス、そしてメンバー同士の連携の仕方について、全員が忌憚のない意見を出し合えるように、自分にできることは何でもやった。彼女自身がこう語っている。「私は絶えず進んで自分を省みなければなりませんでした。CEOとして、リーダーとして。そしてそのたびに、自分がチームをめちゃめちゃにしているんだと気づいたのです」

チームが機能不全に陥ったら、彼女はCEOとして「私のせいよ！　私が悪いの。なぜなら、自分がチーム内の意見の衝突を解消する環境をつくり出していないか、耳を貸さないでいるか、それとも、チームのメンバー1人が耳を貸さないでいるのに『それはよくない』とその人に向かって言わないでいるかのどれかだから。私の責任の1つは、自分のチームを確実に1つのチームにまとめること。こんなことはCEOマニュアルには書かれていない。でも確かにそうなの。そしてそれには時間がかかる」と自分に言い聞かせたという。

グッドマンはコミュニケーションへの投資が欠かせないことを強調している。1にも2にもコミュニケーション。これを徹底的に追求し、使命とビジョンと価値観と優先事項とラリーイング・クライと主要テーマを共有するのが重要だというのだ。

人々の声は下の下まで届かなければならないし、しかも双方向に行き交わなければならない。さらに、マテリアルとコンテンツをそれぞれの内面に取り込むまで、誰もがそれと十分に関わる必要がある。彼女はこう語る。「全員参加の会議に出席するだけで戦略を獲得できるわけではない」

フィードバックは贈り物だが、多くのリーダーにとっては受け取るよりも与えるほうをはるかに望む贈り物だ、と彼女は指摘する。そして上級職に就けば就くほど、フィルタリングされていないフィードバックを受け取る機会は減っていくため、リーダーみずからがそれに対する措置をさらに多く講じなければならなくなるという。

人材を追いかける

マイケル・シコルスキーは、カナダ出身の連続起業家であり、ＣＮＮマネーから「注目すべきＣＥＯ」と指名され、『プロフィット』誌から「カナダのインターネット革命家」と呼ばれ、アルバータ・ベンチャー（Alberta Venture）から「アルバータ州のもっとも影響力のある50人」の１人に選ばれ、そして、２０１３年の「テクノロジー＆コミュニケーション・ＥＹアントレプレナー・オブ・ザ・イヤー」を受賞した人物である。

彼の会社、ロボッツ＆ペンシルズ（Robots & Pencils）は、組織の可能性を広げるリーダーシップの概念を具体化している組織として（私の知るかぎり）これ以上ない好例と言えるだろう。何を隠そう、実は私もこの会社の創業メンバー（兼アドバイザー）の１人なので、このユニークな観点について詳しく知り得ているのだ。

ロボッツ＆ペンシルズは、同社が呼ぶところの「人材を追いかける」戦略を明確化している。その戦略的ポジショニングは、テクノロジーの世界で「次に来るものを発見する」ことを目指すクライアントを――その首脳陣が目指す「未来でも通用する」企業体になるように――支援することだ。要するに、クライアントが転換点を首尾よくナビゲートできるように導けるかどうかで成否が決まる会社だということである。同社ウェブサイトにはこう明記されている。「我々が目指しているのは、人材を追いかけることができる会社を構築して、卓越した技能をもちながらロボッツ＆ペンシルズをホームグラウンドと呼ぶ人たちを豊富に揃えることだ。ビジネス変革のための画期的なソリューションを開発するだけではなく、かつては考えも及ばなかったプロダクトを創出する人たちを」

仮説をもとに動いてみる

ロボッツ＆ペンシルズが投資しているプログラムの1つに、《ファン・ラボ》（FunLabs）というものがある。これは、クレシブリーダーシップの考え方を直接的に表現したものだ。同社がこう言っている。

「（ファン・ラボでは）いくつかの社内チームが、最先端領域のテクノロジーに焦点を絞って独自に仮説を立て、その仮説にもとづいてそれぞれ課題に取り組む」

これはコーホート（共通の属性をもつ、観察対象の集団）を基本とするモデルであって、そのなかで社員は技術的な転換点の可能性をあらかじめ特定することに深く関与することになっている。つまり、ロボッツ＆ペンシルズがそのクライアントのために、次に来るものの最先端に留まり続ける方法の1つなのだ。

そのプロセスは、1つの「考察レポート」から始まる。「ゲームチェンジャーになりそうな未開拓のテクノロジーや動向、どういうものに社内の人材は飛び込んでみたいと思っているか、そして、クライアントにとって何が有益なものとなるか」といったレポートに、情報やデータを提供するチャンスをロボッツ＆ペンシルズの全員がもっている。考察レポートは次に、《ファン・ラボ》委員会――《ファン・ラボ》の各サイクルで新しく編成されるグループ――にかけられる。同委員会のタスクは、見込みのあるテクノロジーやテーマを3つ提案すること。そして次のサイクルが始まると、その3つの提案は《ファン・ラボ》の中心課題となる。ちなみに、これは「成果メニュー」と呼ばれている。

どの社員にも、個別のアイデアを提出する準備期間として4週間が与えられる。提出されたアイデアは「成果メニュー」にもとづく実証実験を経て、トップ3まで絞られる。その後、最終選考に残った3人は、短く活発なプレゼンテーションをおこない、それぞれのプレゼンが会社全体の投票対象となる。しかし美人コンテストの投票とは違って、ここにはかなり微妙なしくみがある。同社での在職期間が長い人ほど、重みのある票を獲得するのだ。さらに、社員が現在携わっているプロジェクトを手放してまで、この新たなアイデアに取り組みたいと思うほどそのよさを確信しているかどうかも投票の結果に影響するという。

選出プロセスが完了すると3名のチームがラボのなかに置かれ、そのチームは16週間かけて実証実験をおこなう。その後、同チームは——ブログや実演発表や（年4回の）「学習レポート」を通じて——何を学び取ったかを報告することになっている。

このプロセスが、洞察と意欲的な関与とインスピレーションを得るために、いかに組織の末端まで達しているか、そして、それがいかにトップダウン方式の指令ではないかに気づいてほしい。上級幹部グループは全体的な目標を設定するが、中心的な役割を担う何人かの個人と投票プロセスによって実際のプロジェクトが決定されるのだ。

最初の《ファン・ラボ》ベンチャープロジェクトは、「ミッションズ」（Missions）と呼ばれるプロダクトだった。これは、普通の人たちがスラック（Slack）でワークフローを作成することを可能にするものだ。スラックというのは、7章で触れたギスバート・ルールが呼ぶところの「階層による隔たりのないコミュニケーション」を提供するために、ますます多くの組織で使われるようになったチーム・コミュニケーションツールである。実のところ、ミッションズはやがてスラックに開発チームもろとも買収されるのだが、それはこのプロダクトの実用性が抜群だと判明したからだった。

そして、さらに思わぬ展開があった。スラックに加わるためにロボッツ&ペンシルズを退職した従業員たちに、いずれ元の職場に戻ってくる決心がついたらいつでも歓迎するとの申し出があったのだ。採用面接も、応募手続きも不要。彼らにとって戻るほうが理にかなっているると思うときがきたら、そうすればよいということである。ちなみに、その一度退職したチームは「ベンチャー休暇中」とみなされている。

クレシブリーダーたちが何をするのかという、もともとのコンセプトをはっきりと理解できれば、私たちは、そういう個人が戦略的転換点をうまくナビゲートするために使う手法も定義づけし始められるだろう。

転換点を生き抜くための戦略

ビジネス環境における変化と破壊の量を考えると、戦略を組み立てること自体がほとんど無駄な骨折りだと結論づける人たちもいる。しかし私がおこなった調査によると、戦略と優先事項が不明瞭な状況下では、クレシブアプローチが分解して先導者不在の活動へと移行するため、中核的な戦略が以前にもまして重要になっている。

現在、極めて大きな関心を集めている潜在的な転換点について考えてみよう。世界最大の資産管理会社ブラックロック（BlackRock）の創業者兼ＣＥＯ、ラリー・フィンクは、世界中の経営者に向けて年頭書簡を送ることで有名だ。２０１８年1月に送った書簡に、彼はこう書いている。「社会に対して企業はポジティブな変化をもたらさなければならない。そして私は、その責任は企業のリーダーたちにあると考える」

『ニューヨーク・タイムズ』紙のアンドリュー・ロス・ソーキンは、この書簡を「グローバル資本主義に関して長期に続いた熱い論戦における転換点」と呼んだ。

フィンクが宣言したのは、今後、みずから投資した企業によって作り出される社会に対する長期的なインパクトに配慮して、ブラックロックは投資先と投資額を決めるということだ。フィンクは、公開会社による経済的な短期主義を批判するオブザーバー集団の1人である。なかでも、あるアイデアは——今の資本主義にとって不健康であるとして——特に非難の的となっている。それは、企業というのは、その投資家にひたすら財務リターンをもたらすためにのみ経営されるべきものだという考えだ。

株の買い戻しによってイノベーションに回す資源が不足することについては、すでに7章で述べたとおりだが、それよりも大きな問題、すなわち、投資家だけが重要なステークホルダーだというアイデアが、これまで以上に厳しい批判を浴びつつある——イノベーションへの投資を阻害するだけではなく、人材開発やコミュニティ形成への投資も阻害するとして。他ならぬ（『フィナンシャル・タイムズ』紙の）マーティン・ウルフに至っては、「現代の政治秩序の終末」を招く恐れさえある考え方として非難している。

さらに「株主ファースト」を実践する手段——たとえば、株の買い戻し、株式関連の贅沢な役員報酬、それに既存資産から最大限の売り上げを引き出すことなど——も、広く批判されるようになった。それらが結果的に時価評価を歪め、上級役員や投資家に過分な報酬を与え、それと引き換えに、たとえば、会社と利害関係にある長期従業員などに多額の損失をもたらすことになるからだ。

ブラックロックの提起している正確な方針が、フィンクの書簡に具体的に記されているわけではないが、投資家たちがそこに注意を向けているのは明らかだ。ガイダンスとして、同社がそのウェブサイトに掲載している文書には、経営陣や取締役とのミーティングで投げかけると十分考えられる（同社からの）質問がいくつか挙げられている。

ここで注目すべきは、ブラックロックが各企業に特定のアクションを起こすことを求めていないことだ。それよりもむしろ、多くのＣＥＯや投資家たちとの討論の場にこの問題を持ち込もうとしている。言い換えると、戦略的には、ブラックロックからの金融支援を望む企業なら、関心のあるテーマとしてヒューマン・キャピタル・マネジメント（人的資本管理）のような話題を中心に据える必要があるということだ。

さらに注目すべきは、戦略がどのように遂行されるかという点である。たしかに、ブラックロックは社会的な目的意識が重要であると明言している。しかし、その目的意識が個々の企業戦略にどういう形で表れるべきかまで言及してはいない。それはあくまでも、（同社が戦略的な会話をもちたいと考える）各企業のＣＥＯしだいだということなのだ。

先ほど触れた女性リーダーの指導スタイルや、戦略的思考における多様な視点の重要性を考えれば、ブラックロックの野望の１つが、投資先の企業各社が多様性に満ちた行動計画を本気で促進するために厳格な方針を打ち出して実践するところを見届けることだというのは興味深い話である。

不都合な事実を受け入れる姿勢

アンディ・グローブは、戦略的転換点に対する独自のアプローチのなかでこの点を明確に述べている。彼によると、そのパターンが明らかになる前は、ある程度の混乱状態を放置するほうがいいという。大量のインプットとアイデア、それに大量の論議が欠かせないというのだ。要するに、十分な情報を得た後――つまり、弱いシグナルが十分に強くなってからでなければ、組織を（選択された）戦略的な道へと結集してはならないということだ。

ここで何よりも重要なのは、真に率直であること、そして不愉快な情報にも進んで対峙する姿勢を貫くことだ。物事がもっと違っていたらと願うのは、企業を破滅させる道にみずから突き進むことに等しい。

我が同僚研究者の１人は、これを「経営戦略上のノスタルジア」と呼ぶ。優秀なリーダーたちなら、フォードのアラン・ムラーリーが好んで言うように、「誰にも秘密は管理できない」と認めるだろう。

同様に、ラム・チャラン、ドン・サル、そしてナシーム・ニコラス・タレブのような専門家たちも、重大な影響を与え得る変化を予測するには率直さが不可欠であると言っている。とりわけチャランとサルがともに主張するのは、リーダーというのは基準から逸脱しているもの――想定外の出来事――を常に探すべきだということだ。大量の情報を取り込むのは、現れたばかりのパターンを見抜くうえで欠かせないものと見なされているからだ。一方、タレブは、クオリティの高い情報を獲得するための興味深いアプローチを提起している――起こり得る転換点の影響を受ける「リスクを負わない人たちからのアドバイスは聞き入れるな」と。

目覚ましい業績を上げているＣＥＯたちは、１人残らずこの点について同じ意見をもっている。彼らは揃って、徹底した率直さと過酷なまでの真実を追求する――たとえ、それが彼らのかつて立てた仮説と相反するものであっても。いや、むしろここは「とりわけ、それが彼らのかつて立てた仮説と相反するものであれば」と言うべきだろう。

アンディ・グローブ（インテル）、ルイス・ガースナー（ＩＢＭ）、アラン・ムラーリー（フォード）は３人とも、それぞれのマネジメント関連著作のなかで、この点がいかに重要かを強調している。

　彼らは、何かと人騒がせな人たちにも耳を傾けるものだ。彼らは、場合によっては凶報を知らせるカサンドラ（弔事の予言者）として拒絶されることもある人たちの話をきちんと聞こうとする。私たちも、こういう人たちを即座に拒絶するのではなく、むしろ「有用なカサンドラ」として受け入れるべきである。私たちが想定している効果の範囲を広げる人たち、または、私たちが通常見ているものとは異なる微妙な（または主要な）情報に身を晒している人たちだからだ。

誰ひとり除外しないチーム

　アラン・ムラーリーのマネジメント形態については詳細に文書化されているので、ここでは大まかに紹介するに留めよう。その核心的な部分は、ムラーリーの有名な「ウィークリー幹部会議」の実践だった。

　この会議では、幹部メンバーが抱えている問題や事業の現状が率直に報告されることが求められていた。ムラーリー自身が語ったとおり、こうしたアプローチの不思議な力は、ウィークリー会議そのものにあるのではなく、むしろ彼が断固譲らなかった文化的規範にある。

エグゼクティブ・コーチとして名高いマーシャル・ゴールドスミスが2015年に開催した専門会議で、ムラーリーは参加者に小冊子を配付した。それは彼が提唱する「共働」というものの基本理念を、次のようにリスト化したものだった。

◆何よりも人々が優先されること
◆誰ひとり除外されないこと
◆説得力のあるビジョン、包括的な戦略、粘り強い実践
◆明確な業績目標
◆1つのプラン
◆事実とデータ
◆全員がプランと現状と、特別な注意を必要とするエリアを知っていること
◆プランを提案し、「方法を見つける」姿勢をもつこと
◆互いに尊敬し、耳を傾け、助け、感謝し合うこと
◆心のレジリエンス——プロセスを信じること
◆楽しむこと……旅路とお互いの存在を満喫すること

これらのアイデアが、本書の全体を通して強調されたリーダーシップの原則といかに似て

いるかに注目してほしい。2つ例を挙げると、幹部役員が誰なのかではなく、どういう幹部チームづくりをするかが重要だというゲイル・グッドマンの主張と、メンバー同士の競争が激しいマイクロソフト社内の行動規範は徹底的に見直すべきだというサティア・ナデラの洞察である。

CEOがもっとも大切にすべき「SPARK」

先ほども触れたシャロン・プライス・ジョンが、手づくり縫いぐるみ小売チェーンのビルド・ア・ベア・ワークショップCEOに就任したのは、同社がちょうど岐路に差しかかっていたころのことだ。

ビルド・ア・ベアは、起業家精神に溢れる画期的なスタートアップ企業だった。1997年にマクシン・クラークによって創業された同社は、体験型小売業のコンセプトをつくり上げた最初の企業といわれている。

クラークは、靴専門の大型ディスカウント店を展開するペイレス・シューソース（Payless ShoeSource）代表取締役の地位まで上りつめた末に、個人的な転換点をくぐり抜けていく多くのリーダーと同様に、やがて「心を高揚させるもの（スパーク）」がここにはないことに気づく。結局、彼女はペイレスを去り、新たなアイデアを探し始めた。そしてある日、自分にぴったりのアイデアがひらめいたのだ。それは、友人の子どもと一緒に買い物に出かけたときだった。このときのことを、彼女は2012年のインタビューで次のように説明している。

「私は、その日、ケイティ——仲のいい友だちの娘——と、その弟のジャックと連れだってショッピングをしていたの。ケイティは、縫いぐるみの《タイ・ビーニー・ベイビーズ》シリーズを集めていたのだけど、その日は新作を1つも見つけることができなかった。すると、彼女が《ビーニー・ベイビー》を1つ手に取って、『こういうのなら、自分でつくれそうだね』と言ったのよ。

このまま家に帰って、小さいクマのぬいぐるみをつくろうってケイティは言いたかったのだけど、私の耳には別の言葉が聞こえてきたの。彼女の言葉が私にアイデアをくれたのよ。そうだ、お客さんが自分の好みに合わせた動物のぬいぐるみをつくることができるお店をもつのもいいなって。それでさっそく、リサーチして、プランを組み立て始めたというわけ」

ビルド・ア・ベア・ワークショップは、従来型の玩具店（KBトイズ、FAOシュワルツ、チャイルド・ワールド、ザニー・ブレイニーなど）が閉鎖に追い込まれ、また、玩具の売り上げがウォールマート、ターゲット、それにトイザらスといった量販店に集中していた時代に、目覚ましい成功を収めていた。しかし世界的金融不況で大きな痛手を負い、同社は転換点に直面する。２０１３年、クラークは（ＣＥＯならぬ）「チーフ・エグゼクティブ・ベア」の地位から退き、取締役の一員として在任する意志を表明した。そして同年、新ＣＥＯとして採用されたのがシャロン・プライス・ジョンである。

２０１６年、ジョンは私たちの女性リーダーシップ講座で自身の歩みを説明する際に、転機に立つ企業のＣＥＯとして彼女が大事にしてきたことをスパーク（SPARK）の頭文字で次のように表現した。

Ｓ＝先を見通し、思い描け
Ｐ＝プランを立てよ
Ａ＝アクションを起こせ
Ｒ＝リピートせよ
Ｋ＝確たる思いを貫け

本書のいたるところで、私は先を見通すこと、つまりそこにあるものを思い描くことが転換点をナビゲートする出発点であることを示してきた。ジョンにとって、「見通すこと」は「確実な、人々を鼓舞するビジョン」をもつことでなければならなかった。

「リーダーは、それぞれの事業についてストーリーを語ることができなければなりません。

そして、なぜそれが存在するのか、ということも」

ビルド・ア・ベアは思い出を売るビジネスではあっても、それだけではない。「さらなる価値」が、観光地への出店や映画『アナと雪の女王』のような人気アニメとのタイアップ、直営店舗以外へのブランド拡大、それに男児向けや大人向けの商品展開を目指すうえでカギとなるのだという。

「プランを立てる」に関しては、彼女は社内全体の意識を引きつけるために、（翌年の）２０１７年に迎える創立20周年イベントを同社のターニングポイントと位置づけていた。

「チームのメンバー全員が、自分たち自身で子どもたちの生活を変えるのだと確信しています。20周年を迎えるときには、次の20年間に向けた準備を整えていることでしょう。創立20年を我が社の最高の1年にすること、それが今の私たちの目標です。まだはっきりとしたことはわかりませんが、きっと達成できるでしょう」

次の「アクションを起こす」というのは、容易ではないかもしれない。問題や転換点を察知するだけでは不十分である。それらを難なく通過するには、状況に応じた動きがとれる組織へと変わらなくてはならない。メンバーの大半が、現状維持を望んでいても。

この問題を解決すべく、ジョンが考案した短い合言葉は「ＳＤＳＳ」、「Stop doing stupid stuff」（ばかなことをするのは止めなさい）の略である。価値をもたないことは止めて、空いた時間をもっと重要な活動に充てようということだ。

彼女が組織の集中力を高めるためにとった手段は、着任してすぐに目標を1つ発表したことだ。当時、同社は1年につき約3億8000万ドルを失っていた。

「今年は、皆で1ドル儲けましょう」と彼女は告げたという。その効果は「魔法のようでした。誰もが内心こう思ったようです。『よし、その最後の1ドルを使う人間にはならないようにしよう』

そして、私たちはやり遂げました。売り上げは上向き、損益はゼロに。ついに、懸命に働いた人たちにボーナスを支給できるようになったのです」

しかしこうした成功の後に、同社がその勢いを失うことも十分にあり得ることだった。わかりやすく、そして低めに設定した目標は達成されたものの、そこから先ははるかに困難な道のりとなるだろう。

そしてもちろん「リピートする」というのは、絶え間なく続く反復を意味している。ジョンによると、リーダーのやろうとしていることに人々が抵抗感を抱くのが大きな問題ではなく、むしろ難しいのは、彼ら自身が長期にわたって当然視してきた仮説と、相反するようなことを新たにやる必要があるときだ。

最後にジョンは、常に自身の「確たる思いを貫いている」と語った——これらの変化をもたらすのは可能であり、また、そうする価値はあるという思いを。

「戦時のＣＥＯ」と「平時のＣＥＯ」

どこかに最善の指導法が１つだけあるはずもなく、あらゆる状況下でも最高の指導性を発揮する人物が１人だけいるなどということもなく、また、もっとも筋の通るリーダーシップスタイルが１つだけ存在することもないだろう。

もちろん、リーダーシップに関する私たちの考えは、すべて「ハロー効果」（訳注：ある人物や物を評価する際に、その一部の顕著な特徴によって、他の部分についての評価が歪められてしまう現象）によって色づけされているため、何がうまくいくのかということについても、過去の成功実績を引き合いに出して結論づけるところがある。

間違ったことをしても結果的に成功する場合もあれば、逆に、すべてのことを正しくおこなっても失敗に終わる場合もあることを忘れてしまう。現在のところ、その最悪な例と言えるのは、日産の元ＣＥＯ、カルロス・ゴーンの予期せぬ失墜だろう。彼は、長年にわたって世界的リーダーとしてもてはやされた末に、２０１８年に突然、金融商品取引法違反などの疑いで起訴され信用を完全に失った人物である。

その点、ベン・ホロウィッツの「戦時の」ＣＥＯたちと「平時の」リーダーたちの明確な区別には救われる思いだ。ホロウィッツは、自著『ＨＡＲＤ ＴＨＩＮＧＳ 答えがない難問と困難にきみはどう立ち向かうか』（日経ＢＰ）のなかで、転換点をナビゲートする仕事が誰かの手に託されたとき、その人に成し遂げられることや使える時間や空間は、『平時』と『戦時』とではまったく違うものになると指摘したうえで、さらに、こう述べている。

「戦時下では、企業は迫り来る脅威を払いのけようとする。そうした脅威は、どこから来るのか。他社との競争、マクロ経済の劇的な変化、市場変動、供給チェーンの変化などを含む、実にさまざまな要因が考えられるだろう。戦時のＣＥＯとして極めて優秀なアンディ・グローブは、彼の著書『パラノイアだけが生き残る』（日経ＢＰ）のなかで、会社を平時から戦時へと導くことができる数々の力を見事に解説している」

ここにあるジレンマは、危機に直面した組織は指揮統制型のリーダーに頼る傾向があるということだ。しかも、組織として転換点を生き延びるための最高のリーダーシップに関する調査結果によると、このアイデアは危険だという。

だから結局、私は、真の戦時リーダーであり、我が同僚にして友人でもあるトーマス・コルディッツ――ウェスト・ポイント（米国陸軍士官学校）のリーダーシップ・カリキュラムの大半を築いた元陸軍大佐――の英知に目を向けるのが有益だろうと考えたのだ。コルディッツは、著書『危急存亡時のリーダーシップ』（生産性出版）を、危機下のリーダーシップに関する大半のケーススタディとは異なる目標をもって執筆したという――彼自身がこう言ったように。

「リーダーシップの専門家として、あなた方がほとんどいつも研究対象にしているのは、普通の会社にいる人たち、それも危機に陥ることなどまったく望んでいなかったのに知らないうちにそうなってしまった人たち、そしてその危機を打開した人たちか、しなかった人たちのどちらかだろう。そこで問題なのは、あなた方が基本的に危機に陥ったアマチュアを研究していることだ。一方、私がやりたかったのは、危機と闘うプロフェッショナルを研究することだった——常に危険な場所に身を置いている人たちを。そして彼らの手法や、彼らのリーダーシップへのアプローチがどう違うかを見たかったのだ」

コルディッツの調査で明らかになったパターンは、本章で述べたそれと似通っている。不安定な状況下でリーダーに第一に求められることは、（コルディッツによると）人々を冷静にしておく能力だという。彼らにとって必要なのは、「この先に何があるかというビジョンを確立できる人」——たとえ詳しいことはそこに含まれていなくても——ということだ。ここで極めて重要なのは、信頼と目的意識の創出である。信頼は、一瞬にして築かれるものではない。相互依存の感覚をもつまでに、数多くのインタラクションが不可欠だからだ。

指揮統制型リーダーについて私たちがよくする勘違いとは対照的に、危険な状況下においては、指導者は部下の感情をさらに昂ぶらせる必要はないと彼は指摘している。むしろ集中力を高めるために、リーダーは人々の気持ちを鎮めることができなければならないのだ。

リーダーとして第2に必要なのは、メンバーの意識を任務や周囲の状況に向けさせることだ――あくまでも「彼ら自身に」ではなく。

転換点をナビゲートする指導者たちも、このような周囲の状況へのメンバーの意識の集中を団結の拠りどころにしている。たとえば、このように簡潔な表現にまとめるのだ。

「Xについて思考せよ。とりあえず今はXに集中するのだ。状況が変われば、もちろん私からきみたちにすぐに知らせる」

戦時のリーダーシップとして成功するもう1つの要素は、リスクを（部下と）共有する感覚だ。自分を彼らから切り離さないこと、事態が悪化したときに批判を甘んじて受けること、そして厳しい非難にも耐える覚悟を決めておくこと、これらすべてが決定的に重要である。マイクロソフトのＡＩ進出を賭けた新プロダクト《テイ》が大失敗に終わった後に、サティア・ナデラが（開発チームと）どういうコミュニケーションをとったか覚えているだろうか？「そのまま突き進め。そして、僕が君たちとともにいることを忘れるな」という言葉をかけたのだった。

彼が言いたかったのは「自信を失わずに再びトライしてほしい」ということだった。

さらに、日頃の生活スタイルも重要である。人々は、個人的な関わり合いができる人たちに導かれることのほうが多いからだ――共通の経験をもち、立場の違いや特権の有無に執着せず、普通の話題について言葉を交わせる人たちに。

そしてもちろん、リーダーとしての能力を軽く見てはならない。危険な状況では、人々は常に「このリーダーについて行けば、ここから無事に抜け出せるのか」という判断を下さなければならないからだ。

コルディッツは私あてのメールのなかで、このように指摘したことがある。

「問題は、ある日突然、『戦時の』有能なリーダーになるなんて、ほとんどあり得ないということだ――銀行に金を貯め込んでいないかぎりね。急に躍起になっても、どうしようもないのだよ。だから唯一の解決策は、結局、いつでも戦時のつもりで指導するということになる。つまり、人格の問題、どういう〝人となり〟なのかってことだ」

彼によると、リーダーのさり気ない行動スタイルが大きな影響をもたらすこともあるらしい。「ウェスト・ポイントの士官候補生が出産で入院すると、僕はかならず分娩の翌日に見舞いに行っていた。本物の危機というわけでもないのだが、一応僕としては、彼女たちがちゃんとしたケアを受けているかどうか聞いておきたくてね。だけど、その後で何人かは言っていたよ。もし何か本当に困ったことが起きたら僕が絶対に駆けつけてくると、あの瞬間にはっきりわかったって。それが貯金だよ。どんな危機がやってきても、備えあれば憂いなしということだ」

そして戦時への移行に関しては、平時に十分優れた指導性を発揮できていても、危機が起きたとたんに追放せざるを得ないリーダーもいるという。この点について、彼はこう強調している。「危機の第1ステップ――戦時下の要求にすぐに対応できない連中はクビにせよ」

ここから私が導き出した結論は、最高のリーダーは絶えず臨戦態勢をとっているに違いないということだ。信頼とリスク共有にもとづく絆も結べず、また平時でさえ人々が進んでリーダーに従わないとなれば、いざ戦時に突入したとたん、人々はリーダー不在の絶望と混乱に陥るほかないだろう。転換点が以前にも増して急速に、そして大きな影響力をもって発生するなか、純粋に平時の指導パターンに落ち着くことは危険なのである。

旅路の次なるステップ

かのルイ・パストゥールの「幸運の女神は、常に準備している人にのみほほ笑む」という名言はよく引用される。私は、戦略的転換点の世界をくぐり抜けてきたこの旅路が、あなたの進む道を明るく照らし、そしてあなた自身を一歩前へと進ませるものになればと願っている。これまで見てきたとおり、次に起きる大変動を予見するために、前もって自分にできる具体的なことはいくつもあるのだ。

先を見通す第1段階は、見晴らしの利く地点を築くことである。転換点は、瞬時に起きるものではない。それらが展開し始めるまで、ある程度の時間を要するのが普通だ。雪が末端から解け始めるなら、その末端に陣取り、そこで起きつつあることに目を向けておくことが重要である。どういう行動をとるべきかが明らかになるずっと前から。弱いシグナルを拾い上げて、その意味を理解することも、アクションを起こすタイミングを決めるうえで有用なスキルだ。人為的につくり上げられた「業界」のようなトピックより、むしろ包括的なアリーナという観点で考えるほうが視野を広げることに役立つだろう。そして、世界は自分にとって最も好ましい方向へ動いていくなどと思い込むことなく、常に外部にフォーカスし、顧客に注意を払っていれば、まず窮地に陥ることはないはずだ。

いざアクションを起こすとなったら、仮説指向アプローチを活用することによってリスクを抑え込むことも可能だ。迫りくる転換点に対しては、小さく賭けること、早期の実験をいくつかトライすること、それに自分自身の憶測——自分の最大の敵になり得るもの——に疑問をもつことが大切である。

この章のキーポイント

転換点を首尾よくナビゲートする指導者は、組織に活力と結束力をもたらし、そして人材開発も促進しながら、同時にはっきりとした方向性を指し示すことができる。

単純に転換点の到来を察知することは、その第1ステップだ。そこから、どの方向に進むかを見極め、組織を結集する必要がある。

リーダーは、幹部役員が共通認識に立って相互に協力するように時間を投資すべきだ。チームメンバーの連携プレーなくして、個々の努力が結実することはないだろう。カギを握るのは、個人の才能というより、むしろメンバー全員がいかに力を合わせるかである。

戦略の明確さ、そして今おこなっていることの目的と優先順位の明確さは、いかなる場合にも不可欠なものだ。

率直なフィードバックがなければ、簡単にコースから逸脱してしまうだろう。徹底的に率直であることと過酷なまでに真実を追求する姿勢は極めて重要である。

デザイナーおよび指揮官としての役割を果たしていたリーダーは、しだいに前提条件の設定者そして審判の役割を果たすリーダーへと移行する。

意思決定は、できるだけ末端部に近いメンバーに委ねるほうがいい。

複雑な問題を単純化して、全員が共鳴できるラリーイング・クライを創出せよ。

これからのリーダーは、今まで以上に戦時を想定した準備を整えておく必要がある。

そこから先の試練は、周囲の人々を1つにまとめ上げ、新たな転換点に対応できる組織を確立することだ。また、人々を先行指標に注目させることが、将来的な成功への確かなアプローチであることはすでに述べたとおりである。

転換点通過後には、組織自体も変わっていなければならない。組織としてイノベーションの技量を高めることは、自滅や競合他社による制圧を防ぐ意味でとてつもなく大きな助けとなるだろう。

そして、転換点には非常に個人的な影響力もある。それらには、リーダーとしてどう振る舞うべきかを決定づけるほどのインパクトが——とりわけ「戦時」には——あるのだ。また、転換点がいくつもの機会をもたらす場合もある。そうした機会を捉え、以前とはまったく異なる形で（自分が心から望む）成果を手に入れられるかどうかは、自分しだいなのである。

最後に朗報を1つ。転換点には、かならず誰かにとってのチャンスが示されている。あなたがその誰かではない理由など、どこにもないのだ。

本書の原注と参考文献は、以下のＵＲＬからＰＤＦファイルをダウンロードできます。
https://str.toyokeizai.net/books/9784492534670/

■著者・監訳者・訳者紹介

リタ・マグレイス（Rita Gunther McGrath）

コロンビア大学ビジネススクール教授。

専門はイノベーションと戦略、特に「不確実性の高い環境下での成長戦略」について。世界の経営学のトップ思想家をランキングする「Thinkers50」の戦略部門1位に輝き、世界的企業に大きなインパクトを与える人物である。

著書に本書（原書：Seeing Around Corners: How to Spot Inflection Points in Business Before They Happen, 2019）のほか、『競争優位の終焉』（日本経済新聞出版社、原書：The End of Competitive Advantage: How to Keep Your Strategy Moving as Fast as Your Business, 2013）、『市場破壊戦略』（イアン・マクミランとの共著、ダイヤモンド社、原書：MarketBusters：40 Strategic Moves That Drive Exceptional Business Growth, 2005）、『アントレプレナーの戦略思考技術』（イアン・マクミランとの共著、ダイヤモンド社、原書：The Entrepreneurial Mindset: Strategies for Continuously Creating Opportunity in an Age of Uncertainty, 2000）などがある。

入山章栄（いりやま・あきえ）

早稲田大学ビジネススクール教授。

専門は経営戦略論、国際経営論。慶應義塾大学経済学部卒業、同大学大学院経済学研究科修士課程修了。

三菱総合研究所で主に自動車メーカーや国内外政府機関へのコンサルティング業務に従事した後、2008年にピッツバーグ大学経営大学院にてPh.D.を取得。ニューヨーク州立大学バッファロー校ビジネススクールのアシスタントプロフェッサーなどを経て、2019年より現職。

『Strategic Management Journal』『Journal of International Business Studies』など国際的な主要経営学術誌にも論文を発表している。

著書に『世界標準の経営理論』（ダイヤモンド社）、監訳書に『両利きの経営』（東洋経済新報社）などベストセラー多数。

大浦千鶴子（おおうら・ちづこ）

翻訳家。訳書に『マスター・オブ・スケール　世界を制したリーダーが初めて明かす 事業拡大の最強ルール 』（マガジンハウス）、『Dark Horse「好きなことだけで生きる人」が成功する時代』（三笠書房）など。

SEEING AROUND CORNERS:

How to Spot Inflection Points in Business Before They Happen

Rita McGrath

Published by arrangement with Harper Business, an imprint of HarperCollins Publishers,
through Japan UNI Agency, Inc., Tokyo

ディスカバリー・ドリブン戦略

かつてないほど不確実な世界で「成長を最大化」する方法

2023年9月5日発行

著　者――――リタ・マグレイス
訳　者――――大浦千鶴子
監訳・解説者――入山章栄
発行者――――田北浩章
発行所――――東洋経済新報社
〒103-8345　東京都中央区日本橋本石町 1-2-1
電話＝東洋経済コールセンター　03(6386)1040
https://toyokeizai.net/

装　丁……………橋爪朋世
ＤＴＰ……………リリーフ・システムズ
印　刷……………図書印刷
編集協力…………渡部典子／リリーフ・システムズ
編集担当…………能井聡子

Printed in Japan　ISBN 978-4-492-53467-0